KB262196

마음의 기도

마음의 기도

마음의 기도
2013년 4월 초판 | 2015년 11월 3쇄
옮긴이 · 허성석 | 펴낸이 · 박현동
ⓒ 분도출판사

등록 · 1962년 5월 7일 라15호
39889 경북 칠곡군 왜관읍 관문로 61
출판사업부 · 전화 02-2266-3605 · 팩스 02-2271-3605
인쇄사업부 · 전화 054-970-2400 · 팩스 054-971-0179
www.bundobook.co.kr
ISBN 978-89-419-1304-7 03230
값 9,000원

마음의 기도

예수기도의 역사와 방법

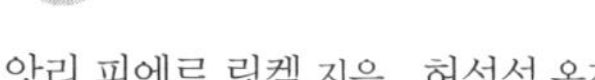

앙리 피에르 링켈 지음   허성석 옮김

분도출판사

【일러두기】

1. 성경 인용문과 인명·지명은 원칙적으로 『성경』(한국 천주교 주교회의 2005)을 따르되, 문맥에 따라 다듬었다.

2. 고대나 중세의 인명은 『교부학 인명·지명 용례집』(분도출판사 2008)을 따랐다.

차례

3장 러시아의 예수기도 _57

4장 예수기도와 서방에서의 마음의 기도 _73

2부
기도의 길

5장 하느님 기억 _91

6장 심신상관적 기법 _99

들어가며

종교로의 회귀는 꿈에서 깨어난 우리 시대의 한 현상임이 분명하다. 우리는 무질서하고 종종 일탈된 모습들에 한탄한다. 문화사와 교의에 대한 충분한 바탕 없이 오류에 빠질 위험 또한 적지 않다. 길을 찾는 사람이라면 누구나 때로는 길을 잃거나 미처 펼쳐 보지 못한 날개를 다칠 위험을 감수하면서 그 길을 홀로 통과해야 한다. 그리스도인, 비그리스도인을 막론하고 많은 사람이 자신들 고유의 문화적·종교적 토대를 벗어난 곳에서 영적 체험에 이르는 길을 찾고 있다. 세계 대종교들의 보화에 매혹된 이들 가운데 그리스도교 전통에 담겨 있는 보화를 알고 있는 사람은 과연 얼마나 되겠는가?

다른 곳에서 찾는 보화가 그리스도교 전통 안에 있다. 타 종교의 매력에 빠지면 자신의 무지가 감추어질까 하는 안일한 생각도 해 보지만, 그것조차 만족스럽지 못할 때는 어쩔 수 없이 그리스도교 전통 안에 있는 보화를 다시 찾으려 노력한다. 이것은 애석한 일이다. 어떤 경우에는 그리스도교가 내적 생활, 하느님께 나아감, 그분과의 만남과 일치의 길을 제공한다는 사실이 무슨 새로운 발견처럼 보일 수도 있다.

이 책은, 생명력을 면면히 유지해 온 그 길 가운데 하나인 '예수기도'에 관해 다루고 있다. '마음의 기도'라고도 불린 이 기도는 그리스도교 초기부터 알려졌다. 예수기도 수행은 신약 전승에 뿌리를 두고 있다. 이 기도는 독수도승과 은수자들, 회수도승들의 '사다리'였다. 동방교회 안에서 '헤시카즘'이라는 이름으로 전해져 온 예수기도는 역사의 그늘에 가려졌다가 14세기 말 러시아에서 독특한 방식으로 부흥을 맞이한다.

마음의 기도와 예수 이름에 집중하는 기도를 구분하는 것이 바람직하겠다. 헤시카즘의 기도는 그 완성된 형태에 있어 약간 더 후대에 속한다.

그렇다면 서방 라틴 세계는 이 기도를 몰랐던 것일까? 유명 무명한 여러 작가에게서 다만 피상적인 흔적이 드러날 따름이다.

그런데 이 전통이 로마 가톨릭 신자와 개신교 신자들에 의해 재조명되고 있다는 사실은 교회일치를 예견하는 듯하다. 교회일치는 화려한 선언으로 시작되는 것이 아니다. 이런 배경을 염두에 두고, 이 책에 인용된 저자 대부분은 교회 분열 이전 시대에 살았다는 점을 기억해야 할 것이다. 그리고 이 유산은 세례의 은총처럼 성장하고 열매 맺어야 한다. 고대인들에게 접근하는 것이 새삼 복고주의를 선언하자는 것은 아니다. 외려 모든 참된 전통은 쉼 없이 솟아나는 생명의 샘처럼 오늘날에도 살아 있는 실재다. 그 샘이 없다면 우리 마음은 언제까지고 메마른 상태일 수밖에 없다.

기원과 발전

1장 전통과 교부들

예수기도는 신약성경에 그 뿌리를 두고 있지만 구약으로 거슬러 올라가 찾아볼 수도 있다. 성경에는 기도에 관한 언급이 무수히 많다. 그중 헤시카즘 기도법의 기원이라 할 만한 것들이 우리의 관심을 끈다.

1. 성경의 증언

1) 하느님 이름

고대인들에게 어떤 사물이나 사람을 명명하는 것은 곧 존재를 부여하는 것이었다. 이름을 붙이고 그것을 발음함으로써 명명한 대상에 영향을 미치게 된다. 네 글자로 된 하느님 이름 '야훼'*YHWH*는 히브리인들에게 거룩한 것이었다. 일 년에 한 차례 '욤 키푸르'*Yom Kippur*(속죄의 날)에 대사제가 성전 지성소에서 은밀히 '야훼'를 언명했다.

신성한 이름을 해석하고 명명하는 것은 전통주의자들 kabbalistes(*qabbalah* = 전통)의 비교적秘敎的 수행의 일부였다(부록 1 참조). 복음서에서 요셉(마태 1,21)과 마리아(루카 1,31)에게 예수의 이름을 계시하는 것은 하느님의 전령인 천사다. 수세기 동안 서방의 영성생활에서는 천사의 역할이 간과되어 왔다. 그러나 그들의 존재는 하느님을 향한 여정에서 대단히 중요한 역할을 담당한다. 모든 히브리어 단어가 그렇듯이 예수라는 이름에 담긴 의미는 풍부하며, 그 의미들은 조화로운 방식으로 서로를 완성한다. 일반적으로 '예수'는 '야훼는 구원이시다'라는 의미로 번역된다.

신약성경에는 '예수'라는 이름이 공경의 대상이 되는 구절이 여럿 있다. "주님의 이름을 받들어 부르는 이는 모두 구원을 받으리라"(사도 2,21)라는 구절에서는 하느님 이름의 구원 능력이 크게 강조된다. 로마 신자들에게 보낸 서간에서 바오로 사도는 주님께서 당신의 이름을 부르

헤시키아 [1]

‘고요’를 뜻하는 그리스어 ‘헤시키아’*hēsychia*는 수도승의 깊은 침묵과 내적 평화를 의미한다. 또한 수도승의 진보를 위해 보다 적합한 외적 상태를 가리키기도 한다. 헤시키아는 그 자체가 목적이 아니라 관상생활을 돕고 하느님과의 일치에 이르는 데 유익한 하나의 수단이다.

“육체의 헤시키아는 품행과 감정의 통제, 평온한 상태를 일컫는다. 영혼의 헤시키아는 생각의 통제, 침범할 수 없는 어떤 정신을 가리킨다.”

“헤시카스트는 자신의 영적 자아를 육체의 거처 안에 가두어 두기 위해 싸우는 사람이다 — 최상의 역설.”

“헤시카스트의 독방은 그의 육체를 제한하며, 독방에는 인식을 위한 공간이 들어 있다.”

는 모든 사람에게 너그러우시다는 사실을 분명히 하면서 같은 표현을 한다(로마 10,9-13). 하느님 이름에 관해서도 그는 이렇게 말한다.

"그러므로 하느님께서도 그분을 드높이 올리시고 모든 이름 위에 뛰어난 이름을 그분께 주셨습니다. 그리하여 예수님의 이름 앞에 하늘과 땅 위와 땅 아래에 있는 자들이 다 무릎을 꿇고 예수 그리스도는 주님이시라고 모두 고백하며 하느님 아버지께 영광을 드리게 하셨습니다"(필리 2,9-11).

2세기 익명의 저자가 쓴 『헤르마스의 목자』에서도 하느님 아들의 이름이 전 세계를 지탱한다고 단언한다(92,5).

히브리 서간 저자는 하느님의 아들을 가리켜, "그분께서는 천사들보다 뛰어난 이름을 상속받으시어, 그만큼 그들보다 위대하게 되셨습니다"(히브 1,4)라고 주장한다.

예수 자신도 제자들에게 당신 이름을 부르는 것의 효과에 대해 가르치신다. "너희가 내 이름으로 청하는 것은 무엇이든지 내가 다 이루어 주겠다. 그리하여 아버지께서 아들을 통하여 영광스럽게 되시도록 하겠다. 너희가 내 이름으로 청하면 내가 다 이루어 주겠다"(요한 14,13-14). "진실로 진실로 너희에게 말한다. 너희가 내 이름으로 아버지께 청하는 것은 무엇이든지 그분께서 너희에게 주실 것이다. 지금까지 너희는 내 이름으로 아무것도 청하지 않았다. 청하여라. 받을 것이다. 그리하여 너희 기쁨이 충만해질 것이다"(요한 16,23-24).

예수만 부른다고 해서 하느님이 성부, 성자, 성령이시라는 가르침에 어긋나지는 않는다. 우리는 "주 예수 그리스도, 하느님의 아드님이시여, 저에게 자비를 베푸소서"라고 기도하면서, 요셉에게 그리스도 예수를 부르도록 천사를 통해 말씀하시는(마태 1,21) 성부를 고백한다. 바오로는 "성령에 힘입지 않고서는 아무도 '예수님은 주님이시다' 할 수 없습니다"(1코린 12,3)라고 강조한다.

2) 지속적인 기도

루카 복음에서 우리는 기도하고 계신 예수 자신을 자주 볼 수 있다. 세례 받으실 때(루카 3,21), 외딴곳(사막)에서(루카 5,16), 열두 사도를 뽑으시기 전 산에 가시어(루카 6,12), 영광스러운 변모 전 타보르 산에서(루카 9,28-29), 기도하는 법을 가르치시기 전에(루카 11,1) 그분은 반드시 기도하셨고, 언제나 기도하도록 우리를 초대하신다. "예수님께서는 낙심하지 말고 끊임없이 기도해야 한다는 뜻으로 제자들에게 비유를 말씀하셨다. […] '… 하느님께서 당신께 선택된 이들이 밤낮으로 부르짖는데 그들에게 올바른 판결을 내려 주지 않으신 채, 그들을 두고 미적거리시겠느냐?"(루카 18,1-7). 말씀의 의미는 분명하다. 밤낮으로 기도하며 깨어 있어야 한다는 것이다. "나는 잠들었지만 내 마음은 깨어 있었지요"(아가 5,2)라고 말할 수 있어야 한다.

루카 복음 18장은 마음의 기도의 원형을 제공한다. 바리사이와 세리의 비유에서 세리는 "오, 하느님! 이 죄인을 불쌍히 여겨 주십시오"(루카 18,13) 하고 부르짖는다. 예리코의 소경은 "예수님, 다윗의 자손이시여, 저에게 자비를 베풀어 주십시오"(루카 18,38) 하고 탄원한다. 이것이 바로 동방 전례에서 이어져 온 '주님, 자비를 베푸소서'Kýrie eléēson의 원형인 셈이다. 그리스도인들은 '다윗의 자손'을 자연스럽게 '하느님의 아드님'이라고 말할 것이다.

끊임없이 예수께 기도하라는 권고는 바오로 서간에 특히 잘 나타나 있다. "끊임없이 기도하십시오"(1테살 5,17). 이보다 더 간명할 수 있을까! "여러분은 늘 성령 안에서 온갖 기도와 간구를 올려 간청하십시오. 그렇게 할 수 있도록 인내를 다하고 모든 성도들을 위하여 간구하며 깨어 있으십시오"(에페 6,18). 낮이건 밤이건 언제나 신뢰에 가득 찬 기도는, 영적 여명을 기다리며 기도하는 사람의 마음을 정화할 것이다.

구약성경에서는 경청에 대해 자주 언급한다. "들어라, 이스라엘아!"(신명 4,1). 새로운 계약과 더불어 하느님은 타보르 산 위에서 영광으로 빛나고 눈에 보이게 된다(루카 9,29-32). 그분은 우리를 당신 왕국으로 초대하신다(1테살 2,12). 하늘나라는 우리 가운데 있으며(루카 17,21) 세상이나 시간 속에 있지 않다. "내 나라는 이 세상에 속하지 않는다"(요한 18,36)고 주님은 말씀하셨다.

토마스 외경에서 예수는 당신께 청하는 사람들에게 말씀하신다. "만일 여러분의 지도자들이 여러분에게 '자, 하느님 나라는 하늘에 있다!'고 말한다면, 하늘의 새들이 먼저 그곳을 차지할 것입니다. 만일 그들이 여러분에게 '바다에 있다!'고 말한다면, 바다의 물고기들이 먼저 거기를 차지할 것입니다. 오히려 그 나라는 여러분 안에 있고 또 여러분 밖에 있습니다. 그것을 인식하게 될 때, 여러분은 살아 계신 아버지의 아들들임을 깨달아 알게 될 것입니다"(Logion 3, trad. H.C. Puech).

2. 사도 시대에서 사막교부들까지

초기 그리스도인들이 전념했던 영적 수행의 본질에 관한 자료는 빈약하다. 그들은 마음에 담아 둔 성경 구절을 암송하곤 했을 것이 분명하다. 예수 이름을 반복하여 부르는 것과 관련하여 4세기 이전까지는 어떤 흔적도 남아 있지 않다.

초기 그리스도인들은 사막으로의 탈출, 즉 은거anacho-resis를 전혀 고려하지 않았다. 3세기 말, 특히 그리스도교가 로마제국의 국교로 선포된 4세기에 이르러 이집트, 팔레스타인, 시리아, 메소포타미아 사막으로의 탈출이 본격적으로 이루어지기 시작했다(지도 2 참조). 교회는 역사 안에서 제자리를 찾아 가고 순교자들의 희생적 증거(그리스어 témoin)는 끝나 가는 듯했다. 순교자의 완덕과, 세상과의 싸움은 이제 새로운 국면에 접어들었다. 세상은 더 이상 그리스도인을 배척하지 않았으나 오히려 그를 눌러 이길 우려가 있었다. 거룩한 신랑은 당신 신부의 마음에 속삭이시고자 광활한 모래땅, 도시와 사람들의 시선과 지독한 소음에서 멀리 떨어진 곳, 포기의 열정으로 달아오른 도

전의 터전, 옛사람의 무덤이자 빛의 자녀의 요람인 사막으로 그녀를 불러낸다(호세 2,16). 이는 불모의 땅에 꽃을 피우기 위함이다(이사 35,1).

"사막으로 간 교부들은 사막에 있었기에 갈증을 느낀 것이 아니라, 갈증을 느꼈기에 사막으로 간 것이다"(Jean Brun). 도피가 아니라 구원받기 위해서 그들은 사막으로 갔다.

『교부들의 생애』*Vitae Patrum*와 더불어 사막교부들의 영적 수행에 관하여 우리에게 가르침을 전해 주는 책으로 『사막교부들의 금언집』*Apoftegmata Patrum*[2]이 있다. 깊은 침묵 속에서 피어난 이 금언들은, 사막 수도승들이 끊임없이 기도하면서 그들이 '하느님 기억', '하느님 안에 쉼'이라고 불렀던 바에 정진했음을 알려 준다.

사부*abba*[3]는 원로, 금욕 수행 경험이 있는 사람, 영혼을 잘 아는 사람으로, 반드시 나이가 많아야 하는 것은 아니었다. '아빠'의 말씀은 그 무엇보다도 개별적 가치를 지닌다. 시의적절한 그 말씀들은 수도승이 의심이나 아케디아*akedia*[4]의 공격에 괴로워할 때 비상식량*viatique*[5]이 된다.

1) 짧고 지속적인 기도

교부들은 은밀한 개인기도를 공개하지 않은 것은 물론, 기도법에 관해 정확한 지침을 제공하려 하지도 않았다. 이삼천 개의 금언 가운데 고작 스무 개 정도가 수도승의 기도에 대해 증언하고 있을 뿐이다. 그들은 하나의 기도 양식을 따르기도 하고 여러 가지를 병용하기도 했다. 그들에게 기도는 구송기도이자 청원기도였다.

일반적으로 기도는 '모놀로기스토스'*monológistos*로 명명된 짧은 양식에서 시작된다. 이는 짧게 반복되는 단음절 기도다. 7세기에 요한 클리마쿠스에 의해 '모놀로기스토스'로 불려지게 되었는데, 잡다한 말과 생각을 배제하는 기도라는 의미를 담고 있다. 짧은 말*monologia*은 정신을 모아 집중시키지만, 많은 말*polilogia*은 정신을 분산시킨다. "너희는 기도할 때에 다른 민족 사람들처럼 빈말을 되풀이하지 마라. 그들은 말을 많이 해야 들어주시는 줄로 생각한다"(마태 6,7).

요한 카시아누스는 『담화집』*Collationes*에서, 4세기부터 이집트 교부들이 일종의 '단음절 기도'*monológistos proseuchē*를 바쳤음을 밝힌다(47쪽 그림 참조). 그것은 시편 70편 구절을 끊임없이 반복하는 것이었다. 이 짧은 기도는 '마음의 정화'와 '하느님 기억 유지'라는 두 가지 목적을 갖는데, 둘 다 기도자를 관상으로 들어 높일 수 있다.

"어떻게 기도해야 합니까?"라는 질문에 아빠 마카리우스는 대답한다. "쓸데없는 말을 할 필요가 없소. 그저 팔을 올린 채 '주님, 당신이 원하시고 또 아시는 바처럼 저에게 자비를 베푸소서'라고 기도하시오. 유혹이 찾아오면 '주님, 저를 도와주십시오'라고 말씀드리는 것으로 충분하오." 이 금언은 지속적인 기도에 대한 최초의 증언 가운데 하나다. 아빠 벤야민이 제자들에게 들려준 또 다른 금언은 바오로가 테살로니카인들에게 전한 권고와 같다. "언제나 기뻐하십시오. 끊임없이 기도하십시오. 모든 일에 감사하십시오"(1테살 5,16-18).

기도는 평화*hēsychía*의 추구를 지향한다. 자기 거처에서 어떻게 머물러야 하는지를 묻는 형제에게 아빠 포이멘은 대답한다. "거처에서 당신 말을 자랑하려 들지 않도록 스스로 이방인이라고 생각하시오. 그러면 평화를 얻게 될 것이오." 이와 마찬가지로 독방에서 혼자 기도할 용기가 부족한 수도승에게 아빠 포이멘은 말한다. "누구도 경멸

하거나 단죄하거나 비난하지 마시오. 그러면 하느님께서 당신에게 평화를 주실 것이고 당신은 고요히 묵상하게 될 것이오."

끊임없이 밀려드는 생각은 높은 파도와 비슷하다. 물결은 점차 잠잠해지면서 완전히 고요해진 수면에 유일하신 분의 빛이 굴절 없이 투영된다.

2) 예수를 부름

예수 이름을 부단히 반복하는 것과 관련하여, 도움이나 자비를 청하기 위해 예수를 '주기적'으로 부르는 것과 '연속적'으로 부르는 것을 구분하는 것이 바람직하다. 콥트어로 된 『성 마카리우스의 덕행』 모음집은 연속적 부름을 위한 다양한 양식을 제시한다. 이를테면 "나의 주님, 예수 그리스도여, 저를 불쌍히 여기소서", 혹은 "나의 주님 예수여, 저를 구하소서"와 같은 것들이다.

에티오피아 수도승 모음집 선집에서 얻은 네 개의 금언에서는 유사한 하나의 양식을 발견하게 되는데, 그중 한 금언에서 아빠 파울루스는 말한다. "공동체에서 생활하면서 일을 하고 배우시오. 그리고 시선을 천천히 하늘

높이 향하며 마음속으로 주님께 기도하시오. '예수님, 저를 불쌍히 여기소서. 예수님, 저를 구하소서. 저의 하느님, 당신을 찬양하나이다.'"

『수도승의 정원』이라는 제목의 아랍어 금언집에는 예수 이름에 대한 기억과 부름에 대한 언급이 많이 담겨 있다. 6세기 말이나 7세기로 거슬러 올라가는 이 금언들 가운데 두 가지를 소개하겠다.

한 원로가 말했다. "지속적인 기도와 언제나 우리 주 예수 그리스도의 이름을 향하는 지속적인 청원에 비교할 만한 덕행은 없다. 고독 속에서 입술로 하건 외적으로 드러냄 없이 마음으로 하건 마찬가지다."

한 원로가 말했다. "독방에 머물 때 네 영혼에 불을 밝혀라. 그리고 육체의 봉사보다는 친절한 마음을 중시하여라. 하느님께서는 주인에 예속되어 두려움으로 가득 찬 노예처럼 마음이 항상 당신의 거룩한 이름에 결합되기를 바라시기 때문이다."

예수 이름이 지닌 능력은 다음 금언을 통해 밝혀진다. 아빠 아눕의 말이다. "예수 이름을 부른 그날 이래로 내 입에서는 어떤 거짓된 말도 나오지 않았다." 금언에서 예수 이름이 언급되는 경우는 사실 매우 드물다.

예수기도 수행에 관한 증언은 금언에만 있지 않다. 이집트 사막의 콥트[6] 수도승들은 매일 성무일도 중에 '내 주 예수께 드리는 찬가'라는 시가詩歌를 노래했는데, 요일마다 해당하는 찬가가 있었다. 주일 찬가는 성경 구절로 이루어졌다. 시편에서 뽑은 것이 많았고, 구절마다 "내 주 예수님, 저를 구하러 오소서"라는 후렴이 반복되었다. 스케티스 사막(오늘날 와디 나트룬) 북부에서 약 40킬로미터 떨어진 켈리아 사막에서 발굴된 7세기 비문들을 통해서도 찬가가 전해졌다. 어떤 동굴에서 발견된 비문에서는, 우리가 '주 예수님!'을 끊임없이 부르짖으면 그분과 함께 성부와 성령께서도 기도하신다는 내용을 전하고 있다.

끝으로 10세기의 몇몇 필사본이 또 다른 원전을 형성하며 정보를 제공한다. 그중 두 필사본은 스케티스 사막의 한 수도승의 것으로, 그는 다음의 네 기도를 연달아 필사했다.

참으로 나는 본질적인 어떤 것을 향해 뛰어들었네.

우리 주 예수 그리스도의 구원하시는 이름을 향해.

우리 주 예수 그리스도께서

당신을 두려워하는 종들에게 표징을 주셨네.

그들이 화살을 피할 수 있도록. […]

우리 주 예수 그리스도께서

당신을 두려워하는 종들에게 표징을 주셨네.

그들이 적들을 지배하도록.

그 표징은 우리 주 예수 그리스도의 구원하시는 이름과

그분이 못 박히신 생명의 십자가로세.

복되도다. 이승을 포기하고 영혼을 죽이는

괴로운 걱정거리를 내던지는 사람,

날마다 제 십자가를 지는 사람,

정신과 마음을 우리 주 예수 그리스도의

구원하시는 이름에 합치시키는 사람.

우리 주 예수 그리스도의 구원하시는 이름을 묵상할 때

우리 마음은 기쁘고, 우리 혀는 즐겁도다.

"내 주 예수님, 저를 인도하소서."

"내 주 예수님, 저를 구하러 오소서."

"내 주 예수님, 저에게 자비를 베푸소서."

"내 주 예수님, 당신을 찬양하나이다."

이런 몇몇 증거만으로도 예수기도가 수도승 영성에서 얼마나 중요한 부분이었는지를 알 수 있다.

반면에 4~5세기의 위대한 그리스 신학자들은 기대와는 달리 예수 이름에 대해 깊이 생각하지 않았다. "그 이름을 향한 신심의 발전에 영향을 미친 교부들은 교조주의자가 아니었다. 그들은 주요 사변적 경향을 다소 벗어나 있었고 내적 생활의 문제에 전념했다"(동방교회의 한 수도승).

3) 폰투스의 에바그리우스의 기도

사막교부 가운데 예수기도 발전사에서 특별한 위치를 차지하는 인물이 하나 있다. 폰투스(흑해)의 에바그리우스(345~399)다. 그는 저 유명한 두 명의 카파도키아(터키) 교부 바실리우스와 나지안주스의 그레고리우스에게서 가르침을 받았고, 예루살렘에서 오리게네스(185~253/4)의 사상을 접하게 되었다. 그리고 383년경 이집트 사막에 정착하여 수도승이 되었다. 그는 유명한 독수도승들, 특히 마카리우스를 자주 방문했다.

에바그리우스의 작품은 동방뿐만 아니라 요한 카시아누스를 통해 서방에도 큰 영향을 미쳤다. 그는 영성생활을 두 단계로 구분한다.

- 프락시스*prâxis* 혹은 수행생활: 욕정과 악한 생각을 거스르는 싸움. '아파테이아'*apátheia* 상태에 도달하는 것을 목표로 한다. '아파테이아'는 겸손과 온유에서 오는 이성적 영혼의 평정 상태로서 영혼이 기도를 통해 상승하게 해 준다.

- 테오리아*theōría* 혹은 영지적 삶: 자연, 즉 사물의 영적 본성에 대한 관상. 이 관상은 점차 고양되어 천사들의 본성에 참여하고 최상의 하느님 인식으로까지 나아간다.

"피조물의 존재 이유에 관한 인식에는 노고와 고통이 따른다. 성삼위에 대한 관상은 평화와 형언할 수 없는 침묵이다"(『케팔라이아 그노스티카』 I,65).[8]

『필로칼리아』*Philokalía*에 수록된 「기도론」De oratione에서 에바그리우스는 '마음의 기도'라고 밝히지 않은 채 그 기도의 몇몇 특징을 강조한다. "기도는 하느님과 정신의 대화다. 따라서 뒤로 물러섬 없이 주님을 향하고 또 그분과 직접 대화할 수 있도록 영혼이 요구하는 상태를 추구하라"(『기도론』 3).

심저心底에서 우러나오는 기도는 단계를 거치게 된다. 기도자는 사다리의 각 단계마다 일시적으로 발가벗겨진다. "기도할 때 네 정신[9]을 귀머거리, 벙어리로 만들려고 노력하라. 그래야만 너는 기도할 수 있을 것이다"(『기도론』 11). 온갖 생각을 경계하고 그것들과 대화하지 말라. 혼탁한 물속의 흙이 서서히 바닥에 가라앉는 것처럼 그것들을 떠나보내거나 잠잠하게 하라 …. 이와 관련하여 헤시카스트들은 '마음의 경계'에 대해 말하게 될 것이다.

"기도 중에 너의 정신이 배회하는가? 이는 정신이 아직 수도승으로서 기도하지 않기 때문이며, 여전히 세속적이고 외적인 것을 꾸미려는 데 사로잡혀 있기 때문이다"(『기도론』 44). '수도승으로서 기도하는 것'은 아무런 분심 없이 생각을 벗어 버리면서 기도하는 것이다. '모나코스'*mona-chós*라는 말의 일차적 의미에 걸맞게 수도승생활은 통합과 일치를 추구한다.

에바그리우스의 인식의 단계 [10]

문자를 통해서 표현되는 모든 것은 하느님에게서 멀어진 사람들에게 실제로 일어나는 일의 상징적 표현이다. 하느님은 당신 사랑 때문에, 제 창조주에게서 스스로를 분리시키는 고약한 행업으로 당신에게서 멀어진 사람들이 당신 능력과 지혜, 즉 당신 아드님과 당신 성령을 통해 창조된 문자와 같은 피조물들을 매개로 그들에 대한 당신의 인식과 사랑에 도달하도록 안배하셨다.

[…]

하느님의 손과 손가락은 하느님의 능력과 지혜, 즉 하느님 아드님과 성령이시다. 이 모든 임무는 하느님에게서 멀어진 사람들을 위해 피조물들을 통해서 수행된다.

[…]

반대로 그들의 순수함과 선업으로 인해 하느님께 가까운 사람들은 그들 창조주의 사랑과 능력과 지혜를 인식하기 위해 피조물인 이 문자를 필요로 하지 않고, 오히려 어떤 피조물의 매개 없이 말씀과 성령에게서 도움을 받는다.

"만일 정신이 단순한 생각들에 머물지 않는다면, 정신은 기도의 장소에 도달한 것이 아니다"(『기도론』 56). 이 구절에서 '기도의 장소'는 머지않아 헤시카스트들이 '마음의 장소'라고 부르게 될 바로 그것을 가리킨다.

3. 시나이의 헤시카즘과 스투디우스

앞서 살펴본 바와 같이 사막교부들에게는 예수 이름을 지속적으로 부름, 호흡 그리고 헤시키아*hēsychía*를 결합하는 어떤 증언도 존재하지 않는다. 이 결합은 헤시카즘의 업적이다. '헤시카즘'은 풍요로운 발전을 이루게 될 한 방법을 제시하는 말이다.

이 과정은 어떻게 이루어졌을까?

전통에는 전승 과정이 있기 마련이다. 스승에서 제자에게로 일종의 전달고리가 존재한 것은 분명하다. 영적 부성은 근본적 전달 수단을 나타낸다. "동방 영성의 핵심 용어인 영적 사부 개념은 대체 불가능한 어떤 중심 가치의 모든 특성을 제시한다"(Mgr A. Scrima. 옆의 '영적 사부' 참조).

헤시카즘 역사에서 중요한 역할을 한 수도원이 두 군

영적 사부 [11]

성령을 따르는 참된 영적 아버지와 어머니들, 이들은 자기애를 온전히 포기하고 온갖 세속적 관심사(안락과 영예)를 포기함으로써 신적 예술가의 자비에 영혼과 육신을 위탁한 사람들이다. 이는 성자와 성령의 손길로써 하느님의 형상과 유사하게 형성되고 재창조되고자 함이다. 이를 위해서 그들은 분명 안티오키아의 이냐티우스같이 빵 부스러기처럼 부서지고 작아지거나 폴리카르푸스처럼 불 속에 던져지기까지 숱한 환란을 거쳐야 한다. 그들은 영적이며 더는 육적이지 않기에 무엇보다도 먼저 그들 스스로 고통당하기를 받아들였던 초인적인 일을 다른 사람들에게 행하기 위한 하느님 사랑의 도구가 될 수 있을 것이다. 이로써 그들은 한 가족이라는 양도할 수 없는 징표를 통해 그분과 닮은 자녀들을 아버지 하느님께 드리게 된다. 가족의 징표란 '너그러운 사랑과 시기하지 않음', 곧 두 가지 신적 복락을 가리키는 것으로, 그들이 하느님께 사랑받았다는 것을 알게 되고 또 온갖 개인적 관심사에서 해방되어 그들 역시 하느님처럼 사랑할 수 있게 되는 '무구한 기쁨'이다.

데 있는데, 시나이의 성 카타리나 수도원과 콘스탄티노플의 스투디우스 수도원이다.

1) 시나이 산

527~535년 바실레우스(왕 또는 황제) 유스티니아누스 1세 치하에서 설립된 성 카타리나 수도원은 은수자적 성향을 유지해 오면서 하느님께 몰입하는 기도를 이상으로 삼았다. 그 기도는 단음절 기도로서 이집트의 마카리우스, 포티케의 디아도쿠스, 바르사누피우스 그리고 예언자 요한의 전통에 자리 잡고 있다.

요한 클리마쿠스

시나이 영성을 지배하는 위대한 인물은 사다리(그리스어 *klimax*)의 요한, 즉 요한 클리마쿠스(575~650)다. '사다리'라는 말은 그의 주요 작품명에서 유래한다. 실제로 『천국의 사다리』라는 작품은 특히 13~14세기 헤시카즘 부흥에 영감을 주었다.

『천국의 사다리』에서 예수 기억, 호흡 조절, 헤시키아라는 세 용어가 처음 등장한다. 성 카타리나 수도원의 장상higoumène[12] 요한에게 있어 수도승의 목적은 그리스도의 십자가와 부활 그리고 존재 전체의 신화神化(théōsis)에 참여하는 것이며, 여기에는 크나큰 영적 노력이 필요하다. '참된 전투는 거칠고 고되다.'

영성생활은 회개metánoia, 즉 참회이기도 한 회귀를 바탕으로 한다. 기도는 참회를 동반한다. "내 묵상 중에, 아니 다시 말해 내 참회 중에 내 (온갖 악의) 소재를 태워 버릴 기도의 불이 피어나리라"(『천국의 사다리』 5,33).

헤시키아에 바쳐진 27번째 계단에서 요한 클리마쿠스는 말한다. "예수께 대한 기억을 네 호흡과 일치시켜라. 그러면 너는 헤시키아의 유용성을 알게 될 것이다"(같은 책 27,62). 왜냐하면 "헤시키아는 일종의 예배이며 하느님 안에 지속적으로 머무르는 것이기 때문이다"(같은 책 27,61).

여기 하느님 안에서의 지속적 머무름에서 예수 기억, 예수 이름을 부름 그리고 호흡이 결합한다. 기도는 헤시카스트들의 보화이며(같은 책 28,1) 그 완성은 주님 안에 용약함이다(같은 책 28,19).

헤시카즘의 주요 특성이 『천국의 사다리』에서 열거되는데, 헤시카즘은 무엇보다도 다음의 것들을 요구한다.

- 침묵: "헤시키아의 시작은 온갖 소음을 멀리하는 것
  이다. 소음은 존재의 깊은 내면을 흔들어 놓기 때문
  이다"(같은 책 27,4).
- 고독: "혼자가 아닌 사람은 형제가 자주 그를 도와주
  지만, 고독한 사람은 천사가 그를 돕는다"(같은 책 27,9).
- 제한된 공간: "헤시카스트의 독방은 그의 육체를 제
  한하는 좁은 장소다"(같은 책 27,12).
- 정신의 되새김: "잠자리에서 일어날 때마다 죽음을
  생각하라. 그렇게 예수기도, 즉 단음절 기도*monológis-
  tos*를 바쳐라"(같은 책 15,12).
- 마음 돌봄에 주의: "헤시키아의 벗은 불시에 다가오
  는 생각들을 제거하거나 거부하기 위하여 항상 마음
  입구에서 타협함 없이 용기 있게 생각을 경계하는 사
  람이다"(같은 책 27,3).

시나이의 헤시키우스

시나이의 헤시키우스(8세기경)는 요한 클리마쿠스의 작
품을 바탕으로 예수기도를 더욱 체계적으로 발전시켰다.
그의 저술, '절제와 덕에 관한' 『백인대』百人隊(Centuries)는

'예수기도'라는 말을 사용한 최초의 문헌이다. 이 바토스 수도원 장상은 '넵시스'*nêpsis*, 즉 생각과 말과 행위에서 깨어 있음과 절제를 강조했다.

"절제는 온갖 덕행과 모든 하느님 계명의 길이다. 그것은 마음의 고요함과 온갖 상상에서 완전히 보호된 정신으로 이루어진다"(『백인대』 I,1).

'항구한 예수기도'를 통한 은총의 활동에 결합된 의지의 노력, 이것은 '항상 예수께 겸손되이 도움을 청해야' 하는 수도승의 길이다. "달콤한 기쁨으로 가득 찬 열망을 품고 지속적으로 예수를 부름으로써 마음은 기쁨과 평화에 휩싸이게 된다. […] 그러나 마음의 정화 자체는 오직 하느님의 아드님이자 하느님 자체이신 예수 그리스도에 의해서만 이루어진다"(같은 책 I,89).

헤시키우스는 암시적 상징들을 통해서 순수한 마음을 추구하는 맛을 독자들에게 전달한다. 구름에 가려져 어두운 하늘 같은 마음이 점차 정화되어 빛나기 시작한다. "예수께서는 처음에는 하나의 등불로 […] 그다음에는 마음의 하늘에 일대 혁신을 일으키는 찬란한 달과 같이, 마침내는 태양처럼 우리에게 나타나신다"(같은 책 II,64).

평화의 대해大海인 마음, "온갖 환상에서 해방된 마음은 마침내 자기 안에 거룩하고 신비스러운 생각들을 낳는다. 이는 마치 잔잔한 바다 위에서 물고기들이 뛰어오르고 돌고래들이 선회하는 것을 보는 것과 같다"(같은 책 II,54).

시나이는 또 다른 위대한 영성 저술가들을 배출했다. 시나이의 그레고리우스(1255~1346)가 시나이에서 아토스 산으로 이주한 것은 13~14세기의 시나이 영성과 아토스 헤시카즘의 연속성을 상징한다.

2) 스투디우스 영성

8세기에 스투디우스의 테오도루스(759~826)는 콘스탄티노플에 있는 자기 공동체의 일부를 스투디우스 수도원으로 이전했다. 이 수도원은 집정관 스투디우스가 아세메트 수도승들과 함께 463년에 설립했다. 이들은 중단 없는 전례 거행을 위해 순번을 정하여 '항구한 찬양'laus perennis에 전념했다. 그들이 '잠을 자지 않는 사람들'이라는 뜻의 '아세메트'라고 불린 것도 이러한 이유에서다.

스투디우스 수도원의 삶은 엄격히 회수도승생활(공동생활)[13]이었으며, 규칙은 파코미우스와 바실리우스에게서 영감을 받았다. 무엇보다도 '수행'에 부여된 그 중요성 때문에 이 수도원의 정신은 시나이 수도원과는 달랐다. 그렇다 할지라도 회수도승생활과 관상생활이 서로 화해할 수 없는 것으로 간주되지는 않았다. 더욱이 비잔틴 신비가 중 가장 위대한 신新신학자 시메온(949~1022)이 스투디우스 수도승이었다.

장차 콘스탄티노플의 수도원 장상이 될 스투디우스 수도승 시메온은 자기 작품에서 개인적 체험을 고백한 몇 안 되는 동방 신비가 중 하나다. 그가 취했던 몇몇 입장, 특히 세례에 관한 입장으로 인해 그는 2년간 유배 생활을 했다. 시메온에 따르면, 성령의 세례 은총은 지각되지 않는다면 사실상 무익하다. 그리스도인이 계명을 실천하지 않고 또 금욕 수행과 하느님 기억과 지속적 간구에 전념하지 않는 한 그 은총은 감추어져 있다.

시메온은 체험 없이 신학은 무익하며, 체험과 더불어 신학은 불필요해진다고 주장한다. 교회가 어째서 그에게 적대적 태도를 취했는지 이해할 만하다.

시메온의 작품들은 예수기도를 명확하게 언급하지는 않지만, 그의 전기 작가 니케타스 스테타토스는 이런 일화를 전한다. "언젠가 그가 기도하고 있을 때 […] 큰 기쁨에 사로잡혀 뜨거운 눈물을 쏟아냈다. […] 아직 이런 계시에 익숙지 않았던 그는 놀라움에 사로잡혀 지칠 줄 모르고 큰 소리로 '주님, 저를 불쌍히 여기소서'라고 부르짖었다."

「자비를 구하는 기도」Kýrie eléēson는 과연 그리스도를 향한 것인가? 시메온이 자신의 수도 성소를 기술하고 있는 91번째 담화를 보면 그렇게 해석할 수 있다. 거기서 그는 자신의 하느님 환시 체험을 이야기한다. "제가 감히 당신께 '오 주님, 당신은 누구십니까?'라고 물으면 […] 당신은 제게 '나는 너를 사랑하여 인간이 된 하느님이다'라고 말씀하십니다." 예수께 대한 시메온의 사랑은 흔치 않은 열정을 지닌 사랑이다. 설령 그리스도의 이름이 언급되지 않는다 하더라도, 그분에 대한 기억이 그의 기도 양식에 스며들어 있다.

2장 아토스의 광휘

1. 성모 마리아의 정원 아토스 산

그리스 북동쪽 칼키디키 반도에서 에게 해 쪽으로 손가락처럼 늘어선 작은 반도가 세 개 있는데, 그중 맨 오른쪽 반도에는 아토스 산이 50여 킬로미터에 걸쳐 펼쳐져 있다. 동방 그리스도교의 심장인 이 성산聖山(*Hágion Óros*)은 언제나 특별한 권리를 누려 왔는데, 15세기부터 아토스 산의 수도승들은 행정적 자율권을 얻게 된다(지도 1 참조).

전설에 의하면, 기원후 1세기 무렵 예수의 친구 하나가 주님의 어머니가 자기를 방문하시도록 초대한다. 그런데

폭풍우를 만난 마리아의 배가 아토스 반도에 좌초하고, 마리아의 현존은 이교 예식의 쇠퇴를 초래한다. 그때 이후 제아무리 순결한 여성도 그 거룩한 땅을 밟지 못했다.

1) 은둔자의 피난처

10세기 중엽, 아토스 산은 동방 수도승생활의 중심지가 되었다. 그곳은 도시 문명의 문제점들과 콘스탄티노플에서 멀리 떨어져 있어 국가와 교회의 사건들에 그다지 연루되지 않았기에, 오래지 않아 헤시키아를 사랑하는 이들이 피난처로 삼게 되었다.

초기 은수자들이 5~9세기 사이에 아토스 산에 정착하기 시작하면서 여러 형태의 수도승생활이 조직화되었다. 오늘날까지도 그곳 수도승은 회수도승생활 제도나 아니면 그보다 더 자율적인 이른바 '이디오리드미크'idiorrythmi-que[14] 제도를 선택할 수 있다.

회수도승들은 파코미우스(290~346)와 카이사리아의 바실리우스(330~379)를 따르면서 절벽 측면을 따라 파인 동굴 속에 소공동체를 이루어 살았다. 963년에 아토스 산의 아타나시우스가 '대大 라우라'라고 불린 최초의 대수도

원을 설립했다. 수도승들은 장상이나 아빠스의 권위 아래
놓였다. '이디오리드미크' 수도원의 수도승들은 반+은수
적 삶을 살면서 각자 독방에서 식사를 했다. 14세기에 있
었던 25개 수도원 가운데 오늘날도 20개가 남아 엄격한
규칙과 다양한 규정을 지키고 있다.

수도원에서 떨어져 있는 스키트skites[15]와 켈리kellies[16] 그
리고 은수처와 유사한 또 다른 수도승 거처들은 마치 분
원처럼 수도원에 예속되었다. 반도 남쪽, 태양이 작열하
는 불모의 땅('고립되다'라는 의미의 그리스어 형용사 *érēmos*에서 유래
한 '사막'이라는 이름이 이 땅에 잘 어울린다)에는 지금도 은수자들
이 살고 있다. 그들 중 일부는 가파른 절벽에 늘어선 동굴
속, 말하자면 수직의 사막에 거주하고 있다.

2. 아토스 산의 예수기도

13세기 후반에 살았던 아토스 산의 은수자 니케포루스Ni-
céphore l'Hagiorite[17]는 호흡법과 연결된 예수기도를 증언하
는 최초의 인물이다. 그는 마음의 역할과 호흡과의 관계
를 명확히 한 후, 들숨과 함께 코로 들이쉬면서 마음으로

내려와야 하는 정신 집중을 가르친다. 고요해진 정신이 마음으로 내려올 때, 속으로 "주 예수 그리스도님, 하느님의 아드님이시여, 저에게 자비를 베푸소서!"라고 부르짖어야 한다.

비잔틴의 황혼기, 마지막 광채가 사그라져 가던 14세기 무렵, 예수기도의 전통을 물려받은 시나이의 그레고리우스가 아토스 산으로 갔다. 관상의 열정이 식어 있던 그 성산聖山은 이때부터 헤시카스트적 기도 수행과 확산의 중심지가 되었다. 시나이의 그레고리우스에 의해 예수기도는 정신 집중을 위한 수행을 확고히 수반하게 된다.[18]

"아침부터 낮은 걸상에 앉아 […] 네 정신을 이성에서 마음으로 밀어 넣어 그곳에 머물게 하라. […] 동시에 수고스럽게 구부리어 가슴과 어깨와 목덜미에 생생한 고통을 느끼며 네 정신 혹은 네 영혼으로 '주 예수 그리스도님, 저에게 자비를 베푸소서!'라고 끊임없이 부르짖어라. 그런 다음 네 정신을 '하느님의 아드님이시여, 저에게 자비를 베푸소서!'라는 뒷부분으로 옮겨 가라."

이 명확한 권고를 통해, 여기서 제시된 몸의 자세가 아시아에서 체계화된 명상 자세들과 얼마나 다른지를 주목해야 한다. 이 밖에 호흡 사용 및 조절과 관련해서도 비교해 볼 필요가 있다. 호흡을 어렵게 하는 자세를 그레고리우스가 권고하는 것은 "마음에서 올라오는 거친 호흡이 정신을 어둡게 하고 영혼을 뒤흔들어 산만하게 하여 망각에 사로잡히게 하기" 때문이다. 그러한 망각을 피하기 위해 호흡의 리듬을 고요히 가다듬을 필요성을 느끼게 될 것이다. 그레고리우스는 에바그리우스를 인용하면서 수도승은 호흡을 통해 '하느님 기억'을 유지하고 자기 마음 안에서 주님을 찾는 데 항구해야 함을 분명히 하고 있다. 영혼의 움직임을 통제하고 정신을 집중하는 것은 예수호칭기도에 전념하고자 하는 사람의 두 가지 주요 목적이다. 호흡의 리듬에 따라 기도 양식을 반복해야 한다는 것 말고는 명확히 규정되지 않았다.

3. 헤시카즘의 문제

이제부터 예수기도는 조금씩 명확하게 전개되는데, 그 수행이 약간 기계적이고 형식적이 되어 버린 것처럼 느끼는 수도승이 많았다. 칼라브리아 사람 바를람(†1348)과 아토스의 수도승 그레고리우스 팔라마스(1296~1359) 사이에 격한 논쟁이 발발한 것도 바로 이 문제와 창조되지 않은 빛의 환시에 대한 가르침과 관련해서다.

칼라브리아 출신 바를람은 1330년경 콘스탄티노플에 정착했다. 그는 학자이자 철학자로서의 자질로 이내 확고한 명성을 누리게 되었다. 문예부흥 정신이 위세를 떨치기 시작하는 이탈리아로 와서는 토마스학파(토미즘: 토마스 아퀴나스의 가르침)로부터 개방된 인문학적 환경의 지적 양성을 받았다. 또한 위僞 디오니시우스 아레오파기타의 작품들에서는 하느님의 불가지성에 대한 자신의 숙고를 돕는 형이상학적 토대를 발견했다. 특히 부정신학否定神學[19] 때문에 그는 이 작품들에서 흥미를 느꼈다.

그레고리우스 팔라마스가 바를람에게 몇 통의 편지를 보내면서 대응했던 것은 바로 이 문제와 바를람의 불가지론에 관해서였다. 반대자에 의해 어려움에 처한 바를람은 몇몇 헤시카스트 수도승을 자주 방문하기 시작했다.

휴머니즘적이고 신플라톤주의적인[20] 감성을 지녔던 바를람은 헤시카스트 수도승들의 수행을 보고서 몹시 충격을 받았다. 그들이 자기 배꼽에 정신을 집중하는 모습에

요한 클리마쿠스의 『천국의 사다리』에 따른 입식立式 기도. 11세기 필사본.

요한 클리마쿠스의 『천국의 사다리』에 따른 좌식坐式 기도. 11세기 필사본.

바를람은 그들을 '옴팔로프쉬코이'*omphalópsychoi*[21]라고 단정하여 공개적으로 비난했다. 바를람은 그들의 부단한 기도 수행에서 메살리아니즘[22]의 흔적이 엿보인다고 믿었다. 그는 자신이 그들의 정체를 폭로했다고 생각했다. 즉 헤시카스트가 바로 그 이단자들이라는 것이다. 바를람은 그들이 이단의 기틀을 완성하고자 신적 빛을 본다고 주장했다고 덧붙인다. 논쟁은 불이 붙었다.

메살리아니즘의 견해에 따르면, 세례에도 불구하고 제거되어야 할 악령이 영혼에 거주한다. 악령을 이기기 위한 영적 투쟁의 무기는 '아포트로파이크'*apotropaïques*[23] 능력을 지닌 지속적 기도다. 이 기도는 악마에 대적하는 효과가 있다. 은총을 야기하지만 신적 개입과는 무관하게 순전히 인간적인 노력인 이 기도는 온갖 다른 활동을 배제하는 매우 확실하고 기계적인 방법이다.

한편, 악이 감각적 형태로 경험되는 것과 마찬가지로 영혼을 관통하는 성령의 현존은 물리적으로 감지되면서 또한 빛이 나는 현상과 탈혼 등을 동반한다. 우리는 사실상 잘못 알려진 이 이단과 헤시카즘을 연결하는 고리들을 얼마든지 식별할 수 있을 것이다.

바를람의 고발이 과도하고 조소적인 것임에도 불구하고 전혀 근거 없지는 않았다. 논쟁의 민감한 측면들이 그로 하여금 독설을 퍼붓게 했던 것이다. 헤시카스트들의 방어자였던 그레고리우스 팔라마스는 수도승들을 조잡한 오류와 위험스러운 혼란으로 이끌 수 있는 오해나 추정들을 부인하지는 않았다. 그는 니케포루스가 깊은 연구 없이 단순한 방식으로 작품을 쓴 것을 인정했다.

게다가 논쟁의 한복판에 있었던 것은 신新신학자 시메온의 것으로 잘못 알려진 『방법』이라는 또 다른 작품이었다. 이 작품에서 위僞 시메온은 턱을 가슴에 두고 시선과 정신을 배의 중심, 곧 배꼽에 두라고 독자에게 권고한다.

저자에 의하면, 호흡을 억제한 헤시카스트는 정신적으로 자신의 내장 속을 탐색하여 거기서 마음의 거처를 발견해야 한다. 자신의 어둠을 경험한 정신이 그 수행을 밤낮으로 반복할 경우 완전하게 빛나는 자신을 볼 수 있으며, 효과가 있을 때까지 이처럼 단순해 보이는 방법을 따르면서 의지적으로 노력하는 것으로 충분하다고 한다.

육신의 눈으로 창조되지 않은 신적 빛을 볼 수 있다는 주장은 바를람에게 충격을 안겨 주었다. 그에게는 "그릇

된 신앙과 무분별한 상상이 낳은 터무니없는 가르침"(「이 나티우스에게 보낸 다섯째 서간」)이었던 것이다.

여론은 헤시카즘 문제에 몰두하게 된다. 비잔틴제국이 점점 더 심각한 쇠퇴의 징조를 드러내던 당시, 사람들은 기꺼이 이 논쟁에 빠져들었고 '타보르 산의 빛'이라는 환시 가능성에 호의적이거나 적대적인 입장으로 나뉘었다.

이 교의 논쟁은 그리스교회를 뒤흔들어 놓았다. 거기에는 궁정의 정치적 야심과 음모가 뒤섞여 있었다. 1341년 바실레우스 안드로니쿠스 3세 주재하에 하기아 소피아에서 공의회가 소집되었다. 바실레우스는 오직 주교들만 교의를 제정할 수 있다고 선언했고, 바를람에게는 그가 공격했던 수도승들에게 사과하도록 강요했다. 참패를 맛본 바를람은 서방으로 돌아가 이탈리아 제라체의 주교로 생을 마감했다. 그러나 논쟁은 끝이 나지 않았고 그 칼라브리아 철학자의 견해에 동조하던 몇몇 비잔틴 인문주의자들은 계속해서 그레고리우스 팔라마스를 반대했다.

안드로니쿠스 3세가 죽은 후, 그레고리우스는 섭정자 요한 칸타쿠제네의 강권 발동을 지지했다는 혐의를 받았다. 내전을 비롯하여 중앙아시아 지방에서 발생한 흑사병

(1348), 이슬람교도의 위협과 종교 논쟁들은 요한 칸타쿠제네의 왕국을 위협했다. 그레고리우스 팔라마스의 노老 제자 아킨디노스는 총대주교(콘스탄티노플의 주교에게 부여된 칭호) 요한 칼레카스가 주재한 공의회에서 재차 단죄된 자기 스승의 특정 명제들을 공격한다.

콘스탄티노플에 입성한 요한 칸타쿠제네는 요한 칼레카스를 해임했다. 그레고리우스에게 호의적이었던 그는 공의회를 소집해 그레고리우스의 적대자들을 단죄했고, 그레고리우스 팔라마스는 테살로니카 대주교로 축성된다.

팔라마스 수도승 가운데 주교가 여럿 배출되었으며 그들의 노력으로, 1359년 11월 27일 세상을 떠난 그레고리우스가 1368년 시성되었다.

그레고리우스 팔라마스의 명제들이 채택됨으로써 그리스교회와 로마교회의 분리는 더욱 굳어졌다.

4. 그레고리우스 팔라마스의 작품

바를람의 비판에 대항하기 위해서는 헤시카스트적 방법에 대한 진술 일부를 수정할 필요가 있었다. 무엇보다도

이 논쟁의 동기가 하느님 아들의 육화 결과들을 이해하는 데 매우 신학적이고 본질적이었음을 보여 주어야 했다. 그레고리우스 팔라마스는 이에 대해 근본적으로 숙고한 스승이었다. 아토스 반도의 대★ 라우라 근교에 있던 자신의 은수처 성 사바에서 그는 바를람의 공격에 대항했고, 『거룩한 헤시카스트들을 변호하는 삼부작』을 저술했다.

1) 『심신상관적 기법 변호』

팔라마스는 오해들을 부인하지는 않는다. 팔라마스에 따르면, 환시를 잃지 않기 위해 중요한 것은 육체가 기도에 참여하는 것이다. 이러한 원칙은 성사적 실행과, 또 그리스도 안에서의 구원은 육체, 영혼, 정신으로 통합된 인간과 관계된다는 생각을 바탕으로 한다.

세례성사와 성체성사에 "우리 구원 전체가 달려 있는데, 이는 그 성사들 안에 신적 · 인간적 전숲구원경륜이 요약되어 있기 때문이다"(『강론』 62).

육체는 개인을 표현하며, 서방 사상을 크게 결정지은 영혼과 육체의 이원론은 성경적이지도 그리스도교적이지도 않다. 그리스도교는 육화의 종교이며, 그리스도 안에서의 삶은 현실을 떠난 삶일 수 없다. 말씀이 육적 본성을 취함은 영적 존재인 천사들의 운명보다 인간의 운명이 더 낫다는 것을 함축하고 있다. 육체는 기도에 참여해야만 하는데, 이는 인간이 재통합되어야 하는 총체적 존재이기 때문이다.

2) 『신적 빛의 환시 변호』

인간은 환시를 통해 하느님과 통교할 수 있다. 타보르 산에서 예수의 변모 때 발생한 신현神顯[*theophania* = *theós*(하느님) + *phaínein*(나타나다)]은 창조되지 않은 신적 빛으로 둘러싸여 신화神化된 인간성의 드러남이었다. 사도들이 영광으로 빛나는 예수를 보았을 때, 그들은 하느님이자 인간인 신화된 인간 바로 그 자체를 본 것이다. 그들의 시야는 변모하여 완전히 열려 있었다.

"인간이건 천사건 간에 그 누구도 하느님을 보지 못했고 절대로 보지 못할 것이다. 왜냐하면 그는 자기 감각이나 지성을 통해서만 보기 때문이다. […] 반대로 성령이 되어 성령 안에서 보는 사람은 어떻게 자기가 관상하는 형상과 비슷한 것을 관상하지 않을 수 있겠는가? 그렇다 하더라도 영적 환시 그 자체 안에서 하느님의 초월적 빛은 완전하게 감추어진 상태로만 나타난다"(『삼부작』 II,3,31).

3) 『신화를 향해』

알렉산드리아의 아타나시우스(295~373)의 아름다운 표현에 의하면, "인간이 하느님이 될 수 있도록 하느님께서 인간이 되셨다". 신화神化(théōsis)는 바로 우리의 목적지다. 신화에 관한 팔라마스 신학의 근간을 이루는 신학적 개요는 칼케돈 공의회(451)와 콘스탄티노플 공의회(680~681)에 기반을 둔다. 이들 공의회에서는 신화에 대한 상징적 해석이 거부된다. 즉 "당신 영혼 안에 신적 상태를 얻게 될 때, 당신은 참으로 당신 안에 하느님을 소유하게 될 것이다. 참된 신적 상태는 하느님께 대한 사랑이며, 그것은 오직 하느님 계명 실천을 통해서만 얻어진다".

팔라마스는 교부들, 특히 고백자 막시무스(580~662), 다마스쿠스의 요한(650경~750)과 노선을 같이한다. 신화에 대한 교부들의 가르침은 통상 빛의 환시 용어들로 정의된다. 이것은 요한 복음 서언의 큰 주제(요한 1,4)와 일치하면서 신플라톤주의에 대한 언급들과도 일치한다. 이 점에 관해서 팔라마스는 메살리아니즘이라는 고발에 대응해야 했다.

온갖 모호함을 제거하고 메살리아니즘 추종자들의 오류에 대한 자신의 반대를 명확히 하기 위하여 팔라마스는 하느님의 본질과 그분의 작용(에너지)들을 구분한다. 이 교의적 관점은 중요하다. 분리하지 않고 구분하는 것이다. 하느님 안에는 어떤 이원성도 없기 때문이다. 언제나 초월적인 하느님의 본질은 신적 생명을 피조물에게 전달하는 에너지들의 '원인' 혹은 '기원'이다. 말하자면, 에너지들은 하느님보다 열등하다. 하느님은 당신 자신의 계시를 초월해 계시기 때문이다.

에너지는 신적 본성이 완전히 초월적으로 남아 있으면서 자기 존재를 겉으로 드러내는 방식이다. 하느님은 각 에너지 안에 완전하게 현존하시고 활동하신다. 에너지는 창조주와 피조물 간의 어떤 매개자나 유출물이 아니다. 창조주와 피조물 간의 구분은 본질과 에너지의 차원에서 유지되지만, 그리스도 안에는 위격(신성과 인성)의 결합이 있다. 즉 말씀의 위격 안에 창조되지 않은 것과 창조된 것이 뒤섞임 없이 결합되어 있다.

"하느님은 당신 에너지에 참여하고 그것과 일치하여 행동하는 사람들을 당신 은총을 통해 시작도 마침도 없는 신이 되게 하신다"(『호교론』).

3장 러시아의 예수기도

1. 러시아의 헤시카즘

예수기도는 14세기에 몇몇 비잔틴 헤시카스트에 의해 러시아에 소개되었다. 그들 가운데 키에프의 총대주교 치프리아누스(재임 1390~1406)가 있었는데, 그는 불가리아에서 시나이의 그레고리우스의 제자들 곁에서 헤시카스트 수행을 시작했다. 수도승 영성 쇄신의 전달자이자 가난의 설교가인 치프리아누스는 특별히 북부 수도원들에서 지지를 얻었다. 러시아 수도승생활의 위대한 설립자 세르지우스(1314~1392)도 예수기도를 알고 있었다. 그가 설립한

삼위일체 라우라 출신 수도승들이 아토스 산으로 순례를 떠났다. 이 순례자 중 한 사람이 닐 소르스키로 더 잘 알려진 닐 마이코프(1433~1508)였다. 아토스에서 그리스 영성에 깊은 영향을 받은 그는 러시아로 돌아온 뒤 백호白湖(lac Blanc) 근처에 아토스 산의 스키트(부락과 암자들)를 본떠 스키트 하나를 세웠다. "거룩한 문헌들(교부 문헌들)에서 우리는 형제 한둘과 더불어 헤시키아를 실천하라는 권고를 발견했다. 아토스 산과 여왕의 도시(콘스탄티노플)에서 우리 자신이 본 것은 다름 아닌 이것이다." 요한 클리마쿠스와 신新신학자 시메온, 시나이의 그레고리우스에게서 영감을 받은 그 규칙은 세상 걱정에서 해방된 완전한 자유를 가르치고 있다.

요시프 볼로코람스크(1439~1515)가 이끈 수도승생활의 또 다른 주류는 수도승 공동체가 사회사업이나 자선 같은 애덕 활동을 수행할 만큼 부유해야 한다고 주장한 반면, 닐 마이코프는 온갖 방식으로 복음적 가난을 옹호했다. 그는 하늘나라 건설에 더 비중을 두며 말한다. "수도승의 자선은 제 형제가 필요로 할 때 말로 그를 돕는 것이며, 그가 불행 중에 있을 때 영적인 말로 위로하는 것이다."

닐과 함께 예수기도는 13~14세기 비잔틴 헤시카즘의 확산에서 중요한 위치를 차지하게 된다. 그는 시나이의 그레고리우스의 권위를 토대로 다양한 양식을 활용할 것을 제안했다. 수행자의 성숙도에 따라 예수기도 양식들은 헤시키아를 향한 여정에서 그들에게 도움이 될 수 있다. "부단히 마음의 심연에 집중하고 정신의 침묵을 추구하면서 […] 다음과 같이 말하는 것이 좋다. '주 예수 그리스도, 하느님의 아드님이시여, 저에게 자비를 베푸소서.' 때로는 다만 '주 예수 그리스도님, 저에게 자비를 베푸소서'라고 말할 것이다. 그런 다음 다시 '하느님의 아드님이시여, 저에게 자비를 베푸소서'라고 바꿀 것이다. 시나이의 그레고리우스에 의하면 후자가 초보자들에게 더욱 수월하다."

러시아 교회는 닐의 권고를 따르지 않았다. 1453년 콘스탄티노플이 이슬람교도들에게 함락되자 모스크바가 비잔티움의 영적 계승자로 간주되었다. '제3의 로마' 출현을 보게 된 것이다.

그러한 사건들에도 불구하고 러시아 헤시카스트 전통은 중단되지 않았다. 고독의 추구와 가난의 수용이 몇몇 수도승 공동체 설립을 통하여 공언되었으며, 북극에서 멀지 않은 백해白海에 있는 솔로베츠키 제도의 공동체들에서 실행되었다. 1616년 은수자 엘리아자르가 그곳에 삼위일체 스키트를 설립하여 완전한 가난 속에서 생활했다.

17세기에 러시아 교회는 갈등과 분열의 시기를 맞았다. 성직자들의 일탈과 민간신앙 내부에서 확산되고 있던 미신들을 퇴치하기 위하여 총대주교 니콘은 일련의 개혁을 단행했으며, 이것이 일명 '라스콜'(1625~1658)이라는 교회 분파를 낳고 말았다.

보수주의자였던 옛 신자들은 자신들을 위해 제정된 바를 거부했다. 특별히 전례적 쇄신을 거부했는데, 그들에게 그것은 분명 전통에 대한 심각한 모독이었다. 그래서 그들은 총대주교의 권위에 저항했다.

유럽의 영향을 받은 표트르대제(1672~1725)와 예카테리나 2세(1729~1796)는 교회에 개혁을 강요하려 했다. 그들의 행위는 왠지 불길했는데, 특히 수도승생활을 위해서 그러했다.

수도승적 · 영적 쇄신은 통상 헤시카스트 전통의 수도승들을 통해 루마니아에서 시작되었다.

2. 파이시 벨리코프스키, 아토스 산의 니코데무스, 『필로칼리아』

우크라이나 출신 수도승 파이시 벨리코프스키(1722~1794)
는 러시아에 수도승생활 중심지를 건설하는 일이 불가능
해지자 아토스 산으로 옮겨 가서 그곳에 예언자 엘리야에
게 봉헌하는 스키트를 하나 세웠다. 그 후 몰다비아로 가
서 니아메츠 라우라의 아빠스가 되었다.

15세기 이후 몰다비아와 발라키아 공국들에서 헤시카
즘 수도승생활이 발전했다. 루마니아의 헤시카즘은 18세
기에 파이시의 수제자로 여겨지던 '스타레즈'*starets*(영적 사
부) 포이아나 마룰루이의 바실리우스(1692~1767)에 이르러
황금기를 맞이했다.

파이시라는 인물은 영성생활을 강화하는 한편 영성 작
품들을 루마니아어와 슬라브어로 새롭게 번역하고 복사
하는 데 공헌했다. 니아메츠에서 파이시는 아토스의 수도
승 니코데무스(1749~1809)의 『필로칼리아』를 슬라브어로
번역하는 일에 착수했다. 그는 이 번역본에 『도브로톨리
우비에』*Dobrotolijubié*라는 제목을 붙였다.

콘스탄티노플 함락 이후 아토스 산은 동방 영성의 주

요 중심지로 남아 있었다. 그리고 아토스 산 수도원들에 딸린 도서관들 덕분에 교부학의 중심지가 되었다. 박식한 아토스 수도승 니코데무스는 디오니시우 수도원에 머물며 헤시카즘 역사에서 중요한 역할을 수행했다. 1782년 니코데무스는 베네치아에서 코린토의 대주교 마카리우스(1731~1805)의 도움을 받아 『거룩한 넵틱 교부들의 필로칼리아』*Philocalie des saints neptiques*[24]라는 제목으로 순수한 기도에 관한 교부 문헌 모음집을 출판했다. '필로칼리아' *philokalía*는 그리스어로 '아름다움에 대한 사랑'을 뜻하는데, 이 모음집은 고대인들의 권위를 토대로 한 교훈적 입문서인 헤시카스트 기도 선집을 구성한다. 니코데무스와 마카리우스는 관상가들의 여러 세대를 거쳐 조명된 기도 전통을 수도승들에게 상기시키고자 했다.

이 작품을 출판함으로써 당시까지 내적 실현을 추구하던 소수의 사람에게만 허락되었던 전통에 접근하는 것이 가능해졌다. 그런데 『도브로톨리우비에』가 중요한 영향력을 발휘한 것은 러시아에서였다. 1877~1889년에 은둔자 테오파네스는 『필로칼리아』의 기념비적 러시아어 번역본을 출판하는 데 전념했다.

니코데무스가 저술한 또 다른 작품 가운데는『오감, 상상, 정신과 마음의 경계에 관한 권고집』이 있다. 19세기 초에 쓰인 이 작품은 과학적 정신에 대한 개방성을 드러낸다. 즉 인간 마음의 해부학적 묘사를 통해 이 기도의 자리에 바쳐진 단계들을 조명한다. 니코데무스는 로욜라의 이냐티우스(1491~1556)의『영신수련』을 읽으면 지속적 기도에 대한 암시들을 알아보게 된다고 믿었고, 그리하여 그는 이 유명한 작품을 그리스어로 개작하기에 이른다.

3.『러시아 순례자 이야기』

이 작품은 예수기도를 대중에게 널리 알린 작품이다. 1870년 최초로 출판되어 1884년 카잔에서 재출판된 이 익명의 작품은 기원이 불분명하다. 아마도 1883년 카잔에 있는 성 미카엘 수도원의 아빠스 파이시가 아토스의 한 러시아 수도승이 소장한 필사본을 복사한 것으로 추정된다. 또 다른 원전에 따르면, 그 필사본은 1860년경 유명한 옵티나 푸스틴 수도원 은수처의 스타레츠 암브로시우스가 지도하던 어느 수녀승에게서 발견되었다고 한다.

암브로시우스의 문서 안에서 1911년 러시아에서 출판된 또 다른 일화 세 가지가 발견되었다. 이 세 일화는 대단히 교훈적인 성격으로 인해 초기에 수집된 것들과 구별된다. 여기서는 마음을 찾아 나선 그 순례자를 억지로 모방하는 것이 아니라 제대로 따르기 위해서 꼭 필요한 요소들을 독자들에게 제공한다.

저자는 암브로시우스의 선임자 스타레츠 마카리우스의 가르침을 받기 위해 옵티나로 가는 농부다. 본디 의도에 잘 맞게 구성된 이 작품이 농촌에서 유래했다는 설은 별로 설득력이 없다.

일화들은 순례자가 서른 살 나이(그리스도의 나이)에 모든 것을 잃고는 주일날 한 교회에 들어가서 "끊임없이 기도하시오"라는 바오로 사도의 말씀을 듣는다고 전한다. 이 권고는 그를 여행길에 오르게 하며 그때부터 그 여정의 양식이 된다. 순례자는 자기에게 이 말씀의 의미를 설명해 주고 그것을 수행하는 법을 가르쳐 줄 사람을 찾는다.

이 텍스트에서 언급된 '신비적 방랑'은 예외적인 어떤 것이 아니다. 소수만이 스스로 원해서, 그리고 금욕적 관점에서 영적 방랑 생활을 선택했다. 한곳에 집착하는 것은 온전한 포기에 대한 갈망을 방해할 수 있기 때문이다. 모험과 시련(강도과 늑대의 공격 따위) 중에 있는 순례자를 동반하면서 독자는 자기 역시 예수기도의 탐구자가 되도록 인도하는 그 가르침을 알아차릴 수 있다. 여행을 하면서 그는 19세기 후반의 러시아를 드러내 보여 주면서, 니콜라이 고골의 소설 『죽은 혼』에 등장할 듯한 훌륭한 인물들을 만난다.

"어떤 곳에도 정착할 수 없어서 나는 시베리아의 마을들로, 이르쿠트스크에 있는 성 인노첸시우스의 무덤까지 갈 것이다. 나는 시베리아의 숲과 초원에서 더 깊은 침묵을 발견하여 한층 편안히 독서와 기도 생활에 전념하게 되리라 여겼다."

순례자는 마침내 한 스타레츠를 만나게 된다. 영적 사부는 그에게 엄격한 금욕 수행을 실천하게 하면서 예수기도의 기본 원리를 전달한다. 사부는 임종 직전 『필로칼리아』 사본 하나를 제자에게 맡긴다. 성경과 더불어 이 책은 이제부터 어떤 목표를 향해야 하는지를 아는 순례자의 영적 양식 창고이자 윤리적 지주가 된다. 비록 볼 수는 없더라도 동방의 빛이 그의 여정을 인도한다.

순례자가 '걸으며 기도하는 것'은 '깨어 기도하는 것'과 동일하다. 나날이 고독과 침묵을 더욱 사랑하게 되는 그는 겸손하게 하늘을 향한 존재, 즉 '갈망의 인간' 성화상에서 나오는 에너지를 자기에게서 지각하는 모든 이를 돕고자 한다.

어떻게 순례자의 마음이 은총으로 채워지고 그가 새로운 눈으로 세상을 보게 되는지를, 주목할 만한 어떤 순간이 잘 설명해 주고 있다. 여행의 고단함과 굶주림의 고통은 마침내 호흡과 완전히 하나가 되는 예수호칭과 더불어 사라진다.

"누가 나를 모욕할 때, 나는 유익한 예수기도만을 생각한다. 그러면 즉시 분노와 고통이 사라지고 나는 모든 것을 잊는다. […] 나에게는 걱정거리나 관심사가 전혀 없다. 어떤 외적인 것도 결코 나를 사로잡지 못한다. […] 내 안에서 무슨 일이 일어나는지를 하느님은 아신다." 하느님에게 버려진 그는 자신의 해방을 향하여 나아간다. 잠시 후 순례자는 마음속에 쾌적한 열기를 느끼게 된다. 정신적 환상에 빠지지 않기 위해서 그는 지속적 기도의 이 같은 효과가 『필로칼리아』에 기록되었는지를 검증한다.

시골길을 걷는 도중에 그는 자신 안에서 사물들에 대해 보다 통찰력 있고 주의 깊은 새로운 눈을 뜨게 된다. "나무, 풀, 새, 땅, 공기, 빛 … 이 모두가 자기들은 인간을 위해 존재하며, 인간에 대한 하느님 사랑을 증거한다고 나에게 말하는 듯했다. 그들 모두가 기도하면서 하느님 영광을 노래했다. 나는 『필로칼리아』가 '창조 언어의 인식'이라고 부르는 바를 그렇게 이해했다."

기도 여정에서 순례자는 우주의 기도와 자신의 기도가 결합하는 순간을 맛본다. 우주의 전례는 지속적이며 서서히 드러난다. 마음의 눈을 덮는 눈곱이 사라지고 영원한 새벽이 실재가 된다.

도스토옙스키의 소설 『카라마조프의 형제들』에 등장하는 영적 사부 조시마는 다음과 같은 말 이외에는 아무 말도 하지 않는다. "말씀은 모두를 위한 것, 즉 모든 창조와 모든 피조물을 위한 것이다. 작은 나뭇잎 하나하나가 말씀을 향해 뻗어 있다."

이로써 이 일화들과 더불어 예수기도의 은밀한 수도승적 전승이 영혼으로 벗(예수)을 부르는 모든 사람과 함께하게 되었다.

4. 스타레츠

러시아어 '스타레츠'*starets*는 언어학적으로는 '원로'를 가리키며, 넓게는 '영적 사부'를 뜻한다.

이집트 사막에서 원로는 경험이 풍부한 사람이었다. 포기의 사막을 통과하고 시련의 더위와 바람에 단련된 아빠*abba*는 사랑으로 불타는 사람이었다. 이런 사실이 엄격함을 배제하는 것은 아니다. 영적 부성은 다양한 방식으로 드러나는 카리스마의 하나다. '프네우마토포로스'*pneu-matophoros*[25]인 영적 사부는 자신에게 청하는 사람에게 생명의 말씀을 줄 수 있다. 그것은 사부의 매정하거나 거친 태도를 받아들일 준비가 된 탄원자의 갈망에 정확히 부합하는 적절한 말씀이다.

그 말씀은 방문자에게 감동을 주고 그를 움직여 내적 돌아섬(회개)으로 인도한다. 그는 어디서 그 호소가 자기에게 오는지를 찾아야 한다. 영적 식별 능력이 있는 아빠는 사공이 되어, 동쪽을 향해 걸어가기 위해 서쪽에 등을 돌리도록 부르심을 받은 자기 제자를 인도한다. 원로는 말을 통해서보다도 자주 직접 봄으로써 더 많이 배울 수 있는 모델이다. 한 금언에서는 어떤 수도승이 안토니우스 앞에서 침묵 중에 머물러 있는 모습을 전한다. 수도승은 안토니우스의 물음에 "사부님, 당신을 보는 것, 이것만으로도 저에게 충분합니다"라고 대답한다.

침묵의 통교, 즉 이심전심은 하나의 신비다. 더 정확히 시리아인 이사악(7세기)의 표현을 빌리자면, 장차 다가올 세기의 신비들에 참여하는 것이다. 탁월한 인물들을 통해서 제시된 영적 사부들의 전통은 세기에 걸쳐 이어져 20세기 러시아까지 전해진다.

파이시 벨리코프스키와 더불어 러시아는 참된 영적 부흥을 맞이한다. 스타레츠들은 이 부흥에 결정적 역할을 한 인물들이다. 그들이 두각을 드러냈던 위대한 수도승생활 중심지 가운데 중앙 러시아에 있는 옵티나 푸스틴 수도원을 기억해야 한다. 성인으로 추앙받은 옵티나 사부들은 모든 계층의 사람에게서 공경을 받았다. 고골, 도스토옙스키, 솔로비요프, 톨스토이 같은 위대한 문호들이 스타레츠를 방문했다.

수도승이자 예언자인 영적 사부들은 사람들의 운명과 그들에 대한 하느님의 뜻을 예견하는 능력을 지니고 있었다. 그러나 동시에 그들은 칠면조 사육법에 관해서도 농부들에게 조언해 줄 수 있었다.

영혼의 의사인 스타레츠 레오니드는 그 명성이 대단했다. 그의 광휘로 인해 어떤 수도승들은 그를 질투했고 그는 주교의 충고를 듣기도 했다. 군중이 문밖에서 욕을 한다면 그를 어찌 은수자라 할 수 있겠는가?

문학가들 사이에서 특별히 관심을 끈 인물은 스타레츠 암브로시우스였다. 암브로시우스는 도스토옙스키에게 영감을 주었는데, 그가 바로 『카라마조프의 형제들』에 나오는 조시마라는 인물의 모델이다. 암브로시우스는 영을 분별하는 은사를 받았고, 때때로 애정 어린 유머로 슬픔에 빠진 이들을 위로했다.

거룩한 스타레츠 가운데 가장 유명한 인물은 사로프의 세라피누스(1759~1833)였다. 그는 10년 동안 숲 속에서 파코미우스의 규칙을 따르며 홀로 생활했다. 벗이라고는 먹이를 얻으러 오는 짐승들뿐이었다. 1804년 그는 강도들의 습격을 받아 건강이 악화되었으나 재판정에서 증언하기를 거부했다. 건강을 회복한 다음에는 엄격한 금욕생활을 했다. 천 일 동안 숨어서 어떤 안락도 배제한 채 바위

위에서 무릎을 꿇고 기도했다. 그는 '온유의 성모' 성화상 앞에서 기도하면서 끊임없이 예수기도를 암송했다.

1825년 세라피누스는 '원로' 직책을 수락하고 순례자들을 맞아들였다. 그는 순례자들을 '나의 기쁨'이라고 불렀으며, 그의 가르침은 성령을 청하는 데 집중되었다. 그에 대한 많은 증언 가운데 가장 유명한 것은『모토빌로프와의 대화』에 나오는 증언이다. 스타레츠 세라피누스에게 질문하러 온 모토빌로프는 창조되지 않은 빛을 보는 특별한 은총을 받는다.

"태양 한가운데, 눈을 뜨기 힘든 정오의 강렬한 광채 속에서 여러분에게 말하고 있는 이의 얼굴을 상상해 보시오. 여러분은 그의 입술의 움직임, 줄곧 변하는 눈빛을 바라보며, 그의 목소리를 듣고, 여러분 어깨에 놓인 그의 손길을 느낍니다. 그렇지만 여러분은 눈으로 뒤덮인 평야를 자신의 광채로 비추면서 멀리 퍼지는 찬란한 빛 외에는 여러분과 대화하는 분의 몸도 손도 전혀 보지 못합니다."

빛의 사람이자 장차 올 기쁨의 사자 세라피누스와 더불어, 신新신학자 시메온과 그레고리우스 팔라마스가 깨닫고 실천했던 신적 빛의 신비주의가 출현한다.

4장 예수기도와 서방에서의 마음의 기도

열한 세기 동안 교회는 보편적이고 정통적이었다. 동방과 서방은 같은 신앙 안에 일치해 있었고, 그 일치는 지역의 전통과 언어, 문화의 다양성 안에서 유지되었다. 1054년 로마와 콘스탄티노플의 분리는 당시까지 하나였던 교회를 갈라놓았다. 이 분리 이후로도 서방 그리스도교는 지속적 기도 수행과 예수호칭을 완전히 잊어버리지는 않았다. 그러나 다른 한편으로 사고방식과 감수성의 차이, 또 원천에서의 멀어짐은 기도의 접근과 방법에 영향을 주었다.

1. 고대의 두 인물: 이레네우스와 카시아누스

리옹의 주교 이레네우스(130~200)는 『사도적 설교의 증거』 97장에서 다음과 같은 말로 예수호칭에 대해서 말한다. "사탄은 사람들에 의해서 밖으로 쫓겨난다. 예수를 믿고 그분의 뜻을 실천하는 사람들 가운데 누가 어디서든 간절히 부르면, 그분은 당신을 부르는 이의 청을 순수한 마음으로 들어주시면서 온전히 그 사람 곁에 계신다." 같은 책에서 이 리옹 주교는 안식일을 준수하라고, 즉 인간 몸인 그의 성전(1코린 3,16)에서 하느님께 예배를 드리라고 권고한다. '이름'에 대한 신학이 『이단자를 거슬러』라는 작품에서 나타난다. 저자에 의하면, 모든 피조물은 하느님 부르기를 두려워한다. 육화 전에 사람들은 창조주를 부름으로써 구원되었다. 후에 예수 이름을 부름에서 교회의 은사들이 비롯된다(『이단자를 거슬러』 II,32,5).

끊임없는 기도에 대한 초기의 언급들 가운데 하나는 요한 카시아누스(360~435)에게서 유래한다. 카시아누스는 이집트의 니트리아와 스케티스 사막교부들의 영적 가르침을 서방에 전파하기 전에 그들과 함께 생활했다. 베네

덕도(480~547)의 규칙은 카시아누스의 작품을 폭넓게 인용한다. 규칙 제20장에서 베네딕도는 '짧고 순수한' 기도를 언급하고 있다. 카시아누스는 『제도서』*Institutiones* 제2권 10장 3절에서 짧고 잦은 기도에 대해서 말하는데, 이런 형태의 기도는 『담화집』에서 아빠 이사악의 가르침을 통해서 설명된다. 아빠 이사악은 순수한 기도를 바치기 위해서는 '마음의 성소'에서 온갖 생각과 기억과 걱정을 몰아내야 한다고 가르친다. 그는 인간 심리에 대한 사막교부들의 예리한 통찰을 보여 주면서 "우리를 위협하는 원수가 기도 중에 우리를 어지럽힐 기회를 찾지 못하도록"(『담화집』 IX,36; 『제도서』 II,10,3) 짧고 잦은 기도를 선호한다. 인간은 자기 영혼의 움직임을 통제하면서 은총의 작용에 순응하게 된다.

그런데 어떻게 생각을 몰아낼 것인가? 여기서 아빠 이사악은 "초기 교부들 중 남아 있던 몇 분만이 우리에게 전하였고, 그리하여 우리 역시 그것을 알고자 갈망하는 소수의 영혼에게만 밝혀 주는 하나의 비밀을"(『제도서』 X,10) 알려 준다. 이 비밀은 시편 70편 2절의 "내 하느님, 저를 도우러 오소서. 주님, 어서 오사 저를 구하소서!"를 계속해서 반복하는 것으로 이루어진다.

그러고 나서 이사악은 이 성경 구절 암송이 효과를 드러내는 일련의 상황을 묘사한다. 잠자면서도 습관적으로 시편 말씀을 반복하기 위하여 잠잘 때도 우리 눈을 말씀에 고정시켜야 한다는 것이다.

사실 이 기도 양식이 명확하게 그리스도를 언급하고 있지는 않다. 그러나 아빠 이사악은 "주님의 수난을 기억하면서 문구를 끊임없이 묵상함으로써 보호받는 수도승은 온갖 함정과 원수의 공격을 피한다는 것을"(『제도서』 X,11) 분명히 한다. 따라서 이 기도는 실제로 예수기도에 대한 초기 증언 가운데 하나인 그리스도론적 양식의 일종인 듯하다.

2. 중세의 호칭과 기도

중세기 "서방 관상가들은 헤시카즘에 관한 고대 동방의 일반적 가르침을 받아들여 보존하고 체험했으며, 후에 12세기 서방 문명화 방식에 따라 성경의 함축성 있는 시적 언어로 표현했다"(장 르클레르크).

쥐라산맥에 위치한 포르테의 카르투시오회 수도승들의 서간들이 이 진술을 뒷받침한다. 마음의 경계에 관해서 장 드 몽트메디(†1161)는 인간의 월등한 부분인 정신은 완전히 하느님께 종속되어야 하는데, 이는 영혼과 육체 역시 이성과 하느님께 복종하기 위함이라고 설명한다. 마음의 경계는 순수함을 성취하게 해 주며, 이 순수함 없이 영적 등정은 불가능하다. 또 다른 서간에서 그는 기도를 표현하는 말보다 오히려 기도에 생기를 불어넣는 의지와 갈망에 더 많은 주의를 기울여야 한다는 점을 명확히 한다. 기도 안에서 우리를 인도하시는 분은 성령이시다. 그분 자신이 우리 안에서, 또 우리를 통하여 청원하신다.

포르테 수도원 설립자 베르나르 드 바레(†1156~1159경)는 예수 이름을 부름(예수호칭)으로써 악한 세력과 싸우도록 수녀들에게 조언했다. 예수를 부름은 마음의 경계를 실천하도록 도와준다.

예수호칭은 시토회 영성에서도 간과되지 않았다. 구세주의 이름은 베르나르두스(1090~1153)에게 영감을 주었다. 신랑의 이름을 노래하는 데 바쳐진 아가서에 대한 그의 15번째 설교는 심원한 이름 신학[26]의 요소들을 담고 있다. "오, 내 영혼아, 너는 이 '예수' 이름 안에 감추어진 탁월한 약을 가지고 있다. [⋯] 신부가 말하는 '부어진 기름'은 바로 예수라는 이름이다. [⋯] 이 기름은 세 가지 용도를 지니는데, 곧 윤나게 하고 양육하며 도유하는 데 사용된다. [⋯] 신랑의 이름도 이와 마찬가지다. 그 이름은 우리가 언명할 때 빛나고, 묵상할 때 양육하며, 부를 때 진정시키고 스며든다."

아가서의 마지막 부분을 주해하면서 장 드 포르(†1220) 역시 자기 확신을 표현한다. "예수 이름으로 인호가 새겨진 사람들, [⋯] 예수의 이름을 믿는 사람들은 [⋯] 예수께서 당신 이름에 부합하지 않는 것과 유익하지 않은 것은 아무것도 행하시지 않는다는 것을 안다."

예수 이름에 대한 신심은 13세기에 확산되었다. 아시시의 프란치스코(1182~1226)의 전기 작가 첼라노의 토마스는 프란치스코가 예수 이름을 발음할 때 그것을 맛본 듯한데, 그 이름을 들으면서 넋이 나갔다고 전하고 있다. 프란치스코회원인 귀베르 드 투르네(†1270)는 『예수 그리스도의 거룩한 이름에 관한 작품』을 편집했다.

탁발 수도회들을 통해 확산된 예수 이름 신심은 14세

기에 개화했다. 위베르탱 드 카살(†1329)은 그 이름을 그리스도교 백성을 위한 표상으로 삼자고 제안한다. 그에게 그리스도라는 이름은 모든 것이었다. 시에나의 베르나르디노(1380~1444)에 이르러 이 신심은 설교를 통해서 폭넓게 확산되었다. 그는 12개의 광선을 뿜는 태양 안에 IHS(예수 이름의 약자)라는 글자가 새겨진 작은 액자 그림이나 조각품을 장려하여 보급시켰다. 베르나르디노의 설교에 영향을 받아 '하느님 이름의 형제회'와 같은 공동체들이 설립되었다.

3. 개혁기의 마음의 영성

예수 이름을 부르고 공경하는 것과는 별도로 마음의 기도는 꾸준히 수행되었다. 예수회 창설자 로욜라의 이냐티우스는 『영신수련』으로 유명한데, 동방의 기도법들과의 비교에 관심이 있었던 아토스의 수도승 니코데무스는 1800년 베네치아에서 『영신수련』을 그리스어로 번역하여 출판했다. '기도의 세 방법'을 다룬 부록에서는 정신 집중과 호흡의 리듬에 강조점을 두어, 호흡에 맞추어 기도를 외운다. **Por compas**(규칙적으로, 리듬에 맞추어)라고 부르는 세 번째 기도 방법은 "숨을 들이쉬거나 내쉴 때마다 「주님의 기도」나 다른 기도문 한마디를 외면서 마음속으로 기도하는 것이다. 이런 종류의 기도는 공기를 들이마시고 내쉬는 중에 오직 한 단어만 발설하고, 무엇보다도 호흡과 호흡 중간에 발설한 단어의 의미나 우리가 기도를 드리는 대상, 자신의 비천함에 대해서 숙고하는 방법이다".

이냐티우스 학파의 후계자 가운데 17세기의 영적 사부 몇이 기도에 관한 글을 저술했는데, 여기서도 마음의 준비가 중요한 위치를 차지한다. 이 저자들은 감성의 역할을 강조했다. 애정이 자리하는 마음은 항상 차원 높은 기도 형태들에 연결되지만, 이따금 바로크 시대의 정신에 부합한 한층 감성적이고 신심적인 형태를 띤다.

예수회 사제 루이 랄르망(1588~1635)과 그의 제자 장 리골뢰크(1595~1658)는 영성생활에 관해 나름의 가르침을 확립했다. 그들에 따르면, 마음의 순결과 마음의 경계는 내적 생활의 본질적 조건이다. 리골뢰크는 기도하는 사람에 관한 자신의 소책자에서 영혼이 '하느님의 작용을 받아들이도록 준비시켜 주는 내적 평화의 토대'에 자리 잡게 하기 위하여 '온갖 종류의 행위를 중지'하려고 노력해야 한다고 가르친다. 마음의 경계는 영혼을 신적 일치로 이끌어야 한다. 통상 다른 길을 통해서는 이 일치에 이르지 못한다.

기도 안에서 그리스도의 행위와 위치와 관련해서 루이 랄르망의 『영적 가르침』의 몇몇 구절은 주목할 만하다. 그에 의하면, 주님께 대한 신심은 '완덕의 절정'에 도달하기 위해서 필수불가결하다. 하느님이 누군가의 내면을 차지하실 때 '그 사람 전체'를 지배하신다. 또 "마음과 내적 생활의 왕"이신 예수께서 우리 안에 계시면 계실수록 그만큼 더 "그분은 밖으로 드러나신다. 외면은 내면의 완전함에서 그 모습을 취하기 때문이다. 다시 말해서 내적 은총은 육체에까지 미치기 때문이다". 그 시대와 또 이 작품들이 충분히 보급되지 못했음을 감안한다면 영적 인간의 변형에 관한 이러한 숙고들은 분명 무의미하지 않다.

순수한 기도의 추구는 오라토리오회 사제 루이 토마생의 작품에서도 두드러진다. 이 석학은 그리스 교부들을 연구하여 여러 권의 책을 출판했는데, 『신적 직무론』에서 호칭기도와는 거리가 먼 정신의 기도가 "교회 초기, 열정의 시기에 가장 잘 알려졌다”고 전한다.

17세기 프랑스 ‘마음의 기도’ 학파에서는 가장 흥미롭고 대표적인 인물 가운데 하나로 장 오몽(1608경~1689)을 만날 수 있다. 자칭 ‘몽모랑시의 포도 재배자’인 그는 1660년에 육백 쪽이 넘는 중요한 작품 하나를 출판하는데, 이 책이 바로 『우리 마음 안에 개시開始된 희생당한 어린양의 왕국』이다. 깊은 영적 수행의 산물인 이 책은 여러 문헌을 참조한 풍부한 내용과 개인적 증언이 담겨 있다. 이 작품은 일곱 번 봉인된 두루마리가 요한에게 제시되는 요한 묵시록 5장에서 그 실마리를 끌어낸다. 희생된 어린양 외에 아무도 이 봉인을 떼고 두루마리를 펼칠 수 없다. 이 봉인된 두루마리는 역시 일곱 번 봉인된 영혼을 나타낸다. 첫째 봉인은 죄의 봉인이고, 둘째 봉인은 지상 재물에 대한 집착이며, 셋째 봉인은 감각적 쾌락에 대한 집착이다. 봉인들을 떼고 영혼을 구원할 수단은 무엇인가? 그것은 ‘십자가에 못 박힌 예수 안에서의 내적 명상 기도’, 즉 영혼이 자신 안으로 들어가는 ‘마음의 기도’다.

신비로운 포도 재배자 장 오몽은 암시적 비유들을 사용하면서 영혼을 우리 마음의 증류기와 우리 의지의 점화된 용광로 속에 고요히 틀어박혀 있게 하라고 권고한다. 거기서 영혼은 이 사랑의 태양에게서 오는 강렬한 공격에 노출된다. 다른 곳에서 그는 명확히 말한다. "그리스도인은 내부에서 자신의 본래 존재를 소환하여 그 기원으로 향하게 해야 한다. 그리고 외부의 대상들 속으로 유출되어 퍼지고 증식된 자기 정신을 거기서 이끌어 내면서 머리에서부터 발가벗기 시작해야 한다. 또 그는 정신을 부드럽게 하여 자기 마음속의 빽빽한 관목 사이를 통과해야 한다. 이 좁은 통로 속에서 살아 있는 바위틈, 곧 예수 그리스도라는 문으로 정신을 통과시켜야 한다. 내적이고 중요한 이 좁은 문을 통과하면서 그는 옛 인간의 검은 가죽을 벗어 발가벗게 된다."

우리에게 잘 알려진 주제들을 담고 있는 동방 텍스트들의 반향처럼 들리지 않는가? 머리에서 마음의 근원으로 내려감, 주변 감각에서 물러나 중심을 향함, 자아의 죽음, 예수의 중재 등이 그러하다.

오몽 작품의 영적 풍요로움은 그림을 통해서도 표현되는데, 거기서 마음은 확실히 중요한 위치를 차지한다. 본래 이 기도법을 대중화시킬 의도로 만들어진 이 그림들은 편협하고 피상적인 도덕주의를 옹호하는 수단으로 전락하지 않고 널리 유포되었다.

『우리 마음 안에 개시된 희생당한 어린양의 왕국』은 짧은 수직선 위에 작은 머리 하나가 놓인 거대한 심장이 그려진 삽화를 통해 설명된다. 눈을 감고 있는 얼굴에서부터 심장의 가장 깊은 부분까지 봉인들의 개봉을 도와줄 수 있는 유일한 중개자이신 십자가에 못 박힌 그리스도가 나타난다. 영혼이 마음의 심저心底에 도달할 때, 부활하신 예수께서 영혼을 당신에게 인도하여 "당신 신성의 영광스러운 광대함으로 쉽게 올라가게 하신다".

장 오몽은 영적 금언들로 이루어진 『기도의 실천적 개요』도 출판했다. 이 작품은 다른 문헌을 많이 참조하지 않으면서 이미지 네 개를 제시하여 설명하는데, 거기서 번번이 우리는 명상에 잠긴 모습의 머리가 놓여 있는 심장을 보게 된다. 심장 내부에 있는 상징들은 다양하다. 일곱 번 봉인된 두루마리 위에 펼쳐진, 당신 발밑에 희생된 어린양을 둔 십자가의 그리스도, 아들의 시신을 팔에 안고 있는 동정녀 위에 계신 하느님 아버지, 일곱 단계를 거치는 '내적 비하'의 길(예수 · 동정녀 마리아 · 천사들 · 성인들 · 교

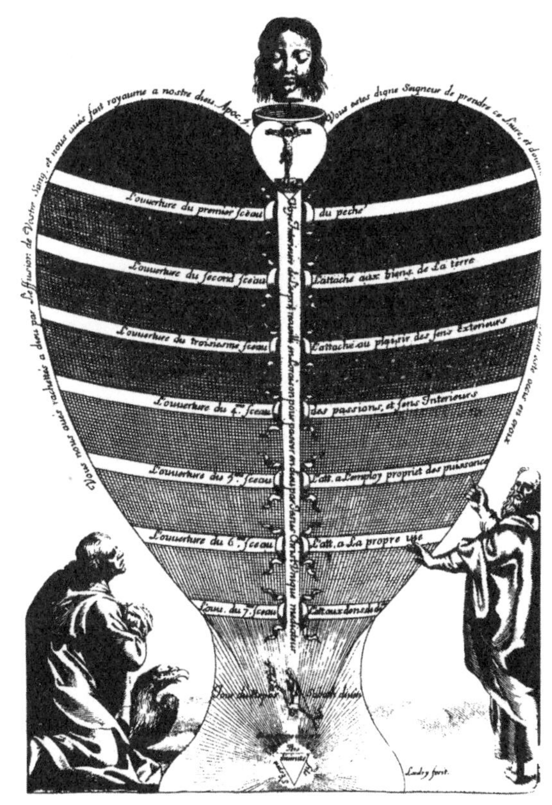

장 오몽 『우리 마음 안에 개시된 희생당한 어린양의 왕국』 1660, 오를레앙 시립 도서관.

회·욕정에 빠진 자들·죄인들의 겸손), 첫째, 둘째 그리고 셋째 하늘을 통과하여 마침내 하느님 안에 잠기게 되는 상승의 길 등이 그것이다.

장 오몽의 동시대 저자들과 후계자들 역시 영성생활에 대한 작품을 저술했다. 그 작품들 안에 있는 윤리적 상징이나 비유로 가득한 마음의 이미지들은 열심한 영혼들을 감화하는 데 기여했다. 마담 귀용(1648~1717)이라는 여성 역시 당시 영성 분야에서 중요한 역할을 했는데, 그녀는 『영성 사조』와 『짧고 매우 쉬운 기도법』이라는 소책자 두 권을 출판했다. 아빌라의 데레사, 십자가의 요한, 프란치스코 드 살의 정신을 따르는 이 두 책의 금욕적 가르침은 모Meaux의 주교 보쉬에가 단죄하게 했던 정적주의[27]의 가르침을 반영한다.

마담 귀용은 『짧고 매우 쉬운 기도법』에서 지속적인 마음의 기도를 소개한다. 이것은 하느님께 마음을 쏟고 완덕으로 나아가는 핵심적인 방법이다. 이 기도는 분명 누구든지 또 그의 역할이 무엇이든 관계없이 언제나 수행할 수 있다. 또 이 기도에는 일련의 단계가 있다. 첫째 단계는 묵상을 통해서 도달한다. 묵상은 한편으로는 우리 마음속에 하느님 현존 신앙을 간직하게 하고, 다른 한편으로는 우리를 우리 자신 안으로 들어가게 하는 것으로 이루어진다. 단순성의 기도라고 부르는 둘째 단계는 정신 집중을 바탕으로 한다. 정신 집중 덕분에 꿋꿋하고 무심해진 영혼은 침묵 중에 머물며 거기서 하느님 현존을 다정스레 맛보아야 한다. 마담 귀용은 자신의 충실한 지지자인 캉브레의 대주교 페넬롱을 만난다. 페넬롱에 의하면, 그리스도교적 완덕은 오직 관상적 단계에서만 발견할 수 있다. 두려움의 종교와 신적 보상에 대한 갈망을 거슬러 페넬롱은 기도의 본질인 하느님 사랑은 전혀 사심이 없을 경우에만 참으로 순수하다고 주장한다.

고요, 다시 말해 헤시키아는 기도의 수동적 개념에 연결되지 않고 오히려 성령에 이끌리도록 하기 위한 자기 소멸에 부합했다. 마담 귀용과 페넬롱을 거슬러 행해진 여러 고발은 지나쳤고 때로 사실과 달랐다. 보쉬에와 루이 14세의 압력으로 1699년 교황 인노첸시우스 12세는 페넬롱의 저서들을 단죄하게 된다. 스콜라 학파[28]와 신비주의자들의 대립을 내포하고 있던 페넬롱과 보쉬에의 충돌은 프랑스 교회를 거세게 뒤흔들었다.

대략 훑어본 이 작품들에서 드러난 차이점에도 불구하고 동방에서건 서방에서건 그리스도교 영성에서 마음이 차지하는 중요한 위치가 드러나게 될 것이다(부록 2 참조).

기도의 길

5장 하느님 기억

평소 우리는 하느님과 우리 자신의 내면을 망각한 채 살아간다. 사실 세상은 중심에서 멀어질 때도 나름의 매력은 발산하지만, 동시에 우리 영혼에 어둠을 드리운다. 게다가 하느님을 대체하는 것들은 기억을 그 참된 대상에서 멀어지게 한다. 일시적 보상을 끝없이 추구하면서 내적 중심은 결여된 채 우리는 흥밋거리를 찾아 동분서주하며 일과 오락에 몰두한다. 그러나 이는 몹시 불안스러운 공허를 덮는 베일이나 마찬가지다.

1. 자신 안의 현존, 하느님 안의 현존

사육당하고 길들여져 성질이 변한 동물들처럼 우리는 신적 본성을 상실했다. 그렇다 하더라도 우리는 장소이자 상태인 이 내적 왕국으로 되돌아가야 한다. 이 같은 회귀 갈망은 우리 신원의 문제, 우리 신비에 대한 질문, 대부분의 경우에는 우리의 불완전함에 대한 자각을 통해서 자극될 수 있다.

기억하는 것은 어떻게 보면 기억상실 후 자신에게 되돌아가는 것과 같다. 자신에게 되돌아간 우리는 혼란스럽고 불확실한 자신을 발견하게 되며, 우리의 가면은 더 이상 우리에게 위안을 주던 위선을 가리기에 충분치 않다. 이제부터는 피상적으로 머물러 있을 수 없고 자신의 비밀이 폭로된다는 것에 대해 쓰라린 감정을 갖지 않고서는 원만하게 변화될 수도 없다. 즉 우리 내면으로 들어가야만 하는 것이다.

그 여정에는 기억만 있는 것이 아니다. 향수가 기억을 동반한다. 순례자가 된 사람이 고향에 대한 향수로 괴로워하는 이주민과 다르지 않은 것은 바로 이 때문이다. 이

주민은 자기가 고향을 저버렸다고 생각하지 않는다. 기억은 신비로운 과거, 즉 우리가 하느님 현존 밖에서 그분을 잊으려고 그렇듯 멀리, 그렇듯 오랫동안 그분에게서 멀어졌던 그날로 우리를 안내한다. 반면에 하느님 기억은 우리를 시간의 수직적 차원, 즉 현재의 차원으로 다시 향하게 해 준다. 우리 자신 안에 다시 현존하게 되면서 우리는 하느님을 맞이하기 위해 우리 영혼을 준비한다.

결국 자신에 대한 자각과 하느님에 대한 자각은 우리의 친자 관계에 대한 재인식으로 나아가는 동일한 움직임이다. 하느님이 우리를 당신께 부르셨고, 우리는 그 부르심에 응답하기 때문이다. 5세기 말 시리아 교부 마부그의 필록세누스에게 '하느님 기억'이라는 표현은 자기 창조주에 대한 피조물의 관계를 나타낸다. 세속적인 사람은 점차 하느님 기억을 상실한다. 반대로 영적인 사람의 금욕 수행은 자기 기억을 정화한다. 망각에 빠진 '옛 인간'은 죽고 '새 인간'을 자라게 한다. 새 인간은 본래 인간 외에 다른 무엇이 아니다. 회귀에 대한 이 통찰은 수도승 영성에 강렬한 흔적을 남긴 이미지다.

2. 기억과 기도

하느님을 기억하려는 노력에서 기도의 역할은 무엇인가?
은둔자 테오파네스(1815~1894)에 따르면, 기도의 본질은
하느님 기억을 확고히 간직한 채 그분 현존 안으로 나아
가는 데 있다. "예수기도는 단지 외적 구송기도일 뿐이
다. 내적 기도는 말없이 하느님을 향해 부르짖으면서 그
분 앞에 머무는 것이다." 하느님을 기억하는 것은 또한
그분을 부르는 것이기도 하다.

기도의 반복은 기억을 되돌리도록 도와주는데, 이것은
하느님의 선물이다. 은총에 의해서 변형된 항구한 기도를
통해 얻어지는 기도 습관은 자동적 반사작용과는 완전히
다른 것이다. 하느님 기억은 단지 머릿속에서가 아니라
마음 안에 살아 있어야 한다. 깊이 자리를 잡고 점점 더
분명해지고 지속적인 상태가 된 하느님 기억은 더 이상
의지의 일시적이고 피곤한 긴장이 아니다.

망각의 위협을 받은 초심자를 위해 하나의 전략이 부
과된다. 요한 클리마쿠스는 그에게 다음과 같이 명령한
다. "되돌아가지 말고 이집트를 탈출하라. 그곳으로 되돌

아가는 마음은 '아파테이아'의 예루살렘을 보지 못할 것이기 때문이다." 그럼에도 불구하고 그런 불행한 일이 발생한다면, 파라오의 속박과 안일하고 통제된 하찮은 노예 생활을 후회하게 될 것이다.

불안정 역시 정신의 특성이다. 처음에 자발적 기도는 말을 적게 함으로써 생각들을 몰아내 준다. 호흡하듯이 하느님을 기억하려고 노력해야 하며, 철야를 통해 정화를 실천해야 한다. 침묵과 고독은 하느님 기억과 자신 안의 현존을 도와준다. 자기 안에 머물지 못한다면 우리는 뜨내기 존재에 불과하다. 내적 침묵을 방해하는 하찮은 생각처럼 마음을 어지럽히는 모든 것은 사라져야 한다. 고독은 육체의 부담과는 전혀 다른 과도한 중압감을 드러낸다. 자기 자신에 몰입하지 못한다면, 자신을 포기하고 유일하신 분의 현존 안에 완전히 홀로 머물러야 한다.

3. 망각 극복

망각에는 여러 원인이 있다. 망각은 원수의 농간, 정신 산란, 대화와 잦은 접촉 등에서 비롯된다. 냉담해진 영혼은 침묵은 고요함이다. 침묵 속에서 인간은 온갖 소음과 이 세상의 모든 걱정에서 벗어난다. 그리고 거기서 수도승생활의 모든 덕이 실천된다. 침묵 속에서 영혼은 자기 죄를 보고 자기 자신을 알게 되며, 우리에 대한 하느님의 자비와 인내가 얼마나 큰지를 이해하게 된다. […] 침묵 없이 인간은 자기 본래의 상태가 어떠한지조차 모른다. 그는 죄를 짓고도 그것을 전혀 모르며, 조금도 정화되지 않고도 자신이 의롭다고 믿는다. 자기 죄를 전혀 보지 못하기 때문이다. 그는 모르면서도 자기가 모른다는 것을 알지 못한다.

점차 영적 수행을 포기하고 방향을 잃게 된다. 모든 수도승이 이 영혼의 병 혹은 '아케디아'[30]를 알고 있었다. 이 병은 지속성을 띠는 나태와 슬픔을 특징으로 한다.

하느님에 대한 향수가 남아 있는 한, 비록 가려져 있더라도 희망은 헛되지 않다. 세상에서 자기만족을 찾는 욕구를 억제하는 것은 그다지 유익하지 않다. 회개는 내면에서 와야 한다. 또한 "하느님 외에 다른 신은 없다"는 사실과 그 무엇도 하느님을 대신할 수 있는 것은 없으며 오직 그분 안에서 욕구가 사라진다는 사실을 기억하는 것이 바람직하다.

향수와 욕구는 하느님 사랑을 감추고 있다. 그 사랑이 드러날 때, 또 마음이 우리 안에 다시 현존하시게 된 분을 온전히 사랑할 때 여정 중에 느낀 고통은 사라진다.

자기가 어디서 와서 어디로 가는지를 묻는 사람에게 한 이슬람 현자는 이렇게 대답한다. "나는 하느님에게서 와서 하느님에게로 가오. 나는 어떤 곳에서도 오지 않고 어떤 곳으로도 가지 않소."

6장 심신상관적 기법

요한 클리마쿠스에 의하면, 헤시카스트는 정신적인 것을 육체의 거처에 가두려고 호흡한다. 사실상 기도에서 육체는 이중의 역할을 지닌다. 즉 한편으로 육체는 기도하는 영혼의 표지이자 도구이고, 다른 한편으로는 기도의 토대이자 도약대를 나타낸다. 호흡 조절과 연결된 고요한 동작, 리듬에 따른 동작의 반복 혹은 고정된 자세는 영혼에 직접적 영향을 미친다. 그레고리우스 팔라마스는 말한다. "내적 인간은 당연히 외적 인간을 본받게 된다."

1. 전승과 발전

수도승들은 자신들의 내면화를 쉽게 이루게 해 주는 기법들을 계발했다. 수도승생활 초기 구두로 전달된 이 기법들은 12세기부터 기록되기 시작하여 후대로 내려오면서 명료화되고 완성되었으며 확대되기도 했다.

심신상관적 기법과 연결된 예수기도의 가장 오래된 이론가는 은수자 니케포루스(13세기), 위僞 시메온(13세기) 그리고 시나이의 그레고리우스(13~14세기)다.

니케포루스는 『마음 살핌과 절제에 관하여』라는 작품에서 호흡의 역할을 명확히 하고 있다. "앉아서 네 정신을 모아 그것을 콧구멍으로 들여보내라. 이것이 숨을 이용해 마음으로 들어가는 길이다. 공기를 들이쉬자마자 그것을 밀어 넣어 네 마음으로 내려가게 하라."

내면화되어 영혼이 평온한 수도승은 다음 기도 양식에 집중해야 한다. "'주 예수 그리스도, 하느님의 아드님이시여, 저에게 자비를 베푸소서'라는 부르짖음 외에 어떤 행위나 묵상도 하지 말라."

몸의 자세는 위僞 시메온의 『거룩한 기도법과 주의』에

서 구체화된다. 저자는 고요한 독방에 앉아 정신에서 온 갖 생각을 몰아내라고 권고한다. "턱을 가슴 위에 두고 시선과 더불어 정신을 배의 중심, 즉 배꼽을 향하게 한 뒤, 숨을 내쉬기 어려울 만큼 코로 들어오는 공기의 들이 마심을 억제하라. 그리고 정신으로 네 장기 내부를 관찰하라." 이 구절에서 우리는 두 단계를 구분하게 된다. 즉 집중을 동반한 호흡의 늦춤과 마음자리를 발견하기 위한 안으로부터의 탐색이다. 셋째 단계는 아무리 작은 생각조차 끼어들지 못하도록 예수 이름을 부르는 것이다.

시나이의 그레고리우스에 의하면, 예수기도는 세례의 '효능'을 다시 드러내고 신적 빛(8장 참조)을 보기 위한 첩경이다. 예수호칭 사용은 다음 구절에서 명확히 묘사된다. "아침부터 낮은 걸상에 앉아 팔꿈치를 괴고 네 정신을 이성에서 마음으로 밀어 넣어라. […] 동시에 수고스럽게 구부리어 가슴과 어깨와 목덜미에 생생한 고통을 느끼며 네 정신 혹은 네 영혼으로 '주 예수 그리스도님, 저에게 자비를 베푸소서!'라고 끊임없이 부르짖어라. 그런 다음 네 정신을 '하느님의 아드님이시여, 저에게 자비를 베푸소서!'라는 뒷부분으로 옮겨 가라. 폐의 호흡을 조절하여 호흡이 쉽지 않도록 하라. […] 만일 네 정신 안에 악한 영들이나 불순한 생각이 떠올라 형태를 취하는 것을 보게 되면, 그것들에 주의를 기울이지 말고 할 수 있는 한 호흡을 억제하여 정신을 마음 안에 가두고 부단히 주 예수의 이름을 부르도록 하라." 그레고리우스는 소리를 내서든 정신으로든 기도할 수 있으며, 아니면 두 방법을 번갈아 가며 기도할 수 있다고 생각한다. 정신이 진보하여 말없이 완전하게 기도하는 은총을 받게 될 날이 올 것이다.

심신상관적 기법의 적대자들에게 응수하기 위하여 그레고리우스 팔라마스는 심리학적·철학적 주제들을 이용한다. 그는 정신 그 자체를 정신의 작용이나 능력과 구분한다. 정신은 본성상 마음 안에 자기 자리를 갖되, 감각적 대상에 대한 작용을 통해 밖으로 투사되는 경향이 있다. 왜 수도승들은 정신 산란 상태를 멈추게 하는 기법들을 포기하는가? 가슴이나 배꼽에 시선을 집중한 몸의 자세, 호흡 조절 등은 단지 신적 현존을 드러내는 수단일 뿐이다.

14세기 말, 아토스 산의 수도승 갈리스트와 이냐스 크산토풀루아의 『영적 백인대』*Centurie spirituelle*는 헤시카스트적 삶의 지침서다. 그들은 앉아 기도하기 위하여 어두운 한 모퉁이를 선택하라고 수련자들에게 권고한다. 그 양식을 자주 바꾸지 않는 조건에서 예수기도를 전부 혹은 부분적으로 바칠 수 있다. 그들은 예수호칭에 죽음과 겸손에 관한 묵상을 덧붙일 것도 권고한다. 통회의 눈물이 흘러내릴 때 헤시카스트는 자신의 허영심에서 정화된다.

보다 후대의 증언들 가운데 아토스 산의 니코데무스(1749~1809)의 증언이 이 전통을 계승한다. 그는 초심자들이 그들 마음 안에 정신을 되돌리도록 도와주기 위하여 턱을 가슴 위에 두고 머리를 구부리도록 초대한다. 정신이 다시 통합될 때, 사랑으로 예수를 부르고 그 말뜻에 집중해야 한다. "영적인 분 앞에서 영적이 되어라. 그러면 너는 이해하게 될 것이다"라는 에바그리우스의 말을 인용하면서 니코데무스는 기도자들이 상상의 위험에 빠지지 않도록 주의를 준다.

『러시아 순례자 이야기』는 이 방법에 관한 상세한 내용을 담고 있기 때문에 부분적으로 이 기도법의 대중화에 기여했다. 순례자는 세 단계를 거치면서 기도하는 법을 배운다. 첫 단계는 우선 먼저 양적이다. 하루에 그는

12,000번에 이르도록 기도를 반복한다. 다음 단계는 예수기도 암송을 통한 마음자리의 발견과 관계된다. 자기 마음(심장)을 사로잡는 열정에 관해서 순례자는 자연의 결과를 은총의 결과와 혼동하지 말라고 권고한다. 마지막 단계는 단지 깨어 있는 상태에서만 아니라 잠자는 중에도 수월하게 행하는 자발적 기도다.

한 일화에서 순례자는 기도 말마디들을 심장박동과, 또 호흡과 일치시키는 방법을 한 맹인에게 가르친다. 순례자의 개인적 증언이 이 수행법을 확실히 하고 있다. "정신으로 내 마음을 관찰하는 중에 나는 숨을 들이마셔 그것을 폐 속에 담아 두면서 '주 예수 그리스도님!' 하고 말한다. 그리고 숨을 내쉬면서 '저에게 자비를 베푸소서!' 하고 말한다."

2. 쉽고 빠른 방법인가?

순례자의 일화들이나 『필로칼리아』의 몇몇 본문에 나오는 열정과 외관상 용이한 이런 방법이 경험 없는 독자를 혼란에 빠뜨려서는 안 된다. 예수기도가 영적 실현의 빠른 방법이라고 믿거나 주장하는 것은 위험스럽기까지 하다. 초심자가 내면에서 응시하게 되는 것은 밝은 여명이 아니라 어둠이며 그것은 그의 죄스러운 상태다.

기도에서 단계는 필요하다. 영적 사부 포이아나 마룰루이의 바실리우스는 그것을 두 단계, 즉 '수행적 단계'와 '관상적 단계'로 구분한다. 수행적 단계는 비교적 단순하며 욕정들을 거슬러 싸워야 하는 초심자에게 적당하다. 이 상태에 있는 사람은 누구나 예수기도를 수행할 수 있고 또 수행해야 한다. 반면 관상적 단계는 순수한 기도 혹은 마음의 기도에 해당한다. 이 단계는 욕정의 지배에서 자유로워진 완전한 이에게 적용된다.

예수기도를 하나의 기법으로 전락시키지 않기 위해서 그의 다음 권고를 명심해야 한다. "예수기도의 내부 구조는 오직 통회와 마음에 대한 주의를 기반으로 한다."

우리는 영적 고양 상태를 바라지 말고 예수기도를 실천합시다. 그 대신 참회를 목적으로 단순성과 올바른 지향을 가지고 하느님께 대한 신앙과 그분 뜻에 온전히 내어 맡김으로써 행합시다. 기법들을 이용할 때 우리는 되도록 온갖 주의를 기울여 실행하도록 노력합시다. 무익한 호기심이나 무책임한 열광에도 사로잡히지 않도록 합시다. 그것은 비경험자들의 눈에는 덕처럼 보이지만, 거룩한 교부들은 그것을 '교만에서 나온 무모함', '무분별한 열성' 등으로 부릅니다.

도움이 되는 온갖 기법을 고려해야 합니다. 우리의 연약함으로 인해 오직 그것들만이 유용한 버팀목이기 때문입니다. 그러나 우리 희망을 그러한 것들에나 금욕수행의 양적 측면에 두지는 맙시다. 이는 우리가 주님께 희망을 두지 않고 실상 우리 자신이나 물질적인 것들에 희망을 두지 않을까 하는 우려 때문입니다.

7장 마음과 기도

서방에서 마음은 일반적으로 욕정과 감정의 거처로 간주된다. 고대 셈족이나 훗날 그리스도교 금욕가들에게 마음은 훨씬 더 풍부한 의미를 갖는다.

1. 존재의 중심

고대인들에게 심장(마음)은 육신 생명에 필수불가결한 기관만이 아니다. 그것은 모든 정신적·윤리적 생명의 중심이기도 하다. 구약성경에서 마음은 인간존재의 숨겨진 주요 기관이며 지성과 양심의 자리다.

신약성경은 유사한 표현을 사용하여 마음의 어떤 측면들을 강조한다. 바오로는 마음을 성령(2코린 1,22)과 그리스도(에페 3,17)의 거처로 정의한다. 구원이 일어나는 것은 마음 안에서다(로마 5,5).

마음의 정의들이 지닌 의미는 그리스 사상과 라틴 사상의 만남으로 인해 풍부해졌다. 서방에서는 무엇보다도 마음 개념의 감정적 측면을 강조하는 쪽으로 나아갔다. 이 빈약한 일탈은 부분적으로는 지성을 이성하고만 동일시하여 축소시키는 합리주의의 탓으로 돌릴 수 있다.

5세기부터 사막교부들 가운데서, 그리고 포티케의 디아도쿠스(5세기)나 요한 클리마쿠스(6~7세기) 같은 저술가들 사이에서 "마음의 신비주의"가 발전한다.

디아도쿠스에게 마음은 인간 내면 전체를 나타낸다. 은총은 "마음의 지체들" 주변을 돌며 배회하고 있는 악한 영들의 기습에서 멀리 떨어져 있는 마음의 심연에 자기 거처를 정한다. 외적 감각들의 활동을 막는 하느님 기억과 그분 이름을 부름으로써 세례 은총은 이제까지 감추어졌던 제 모습을 드러낸다. "영혼이 묵상하고 또 자기와 함께 주 예수께 부르짖는 바로 그 은총을 취하는 것은 영혼이 온갖 욕정에서 자유로워질 때다"(『영지적 장들』). 마음에서 세속적 요소를 제거함으로써 영혼은 자기의 자연적이고 영광스러운 광채를 회복하게 된다. 위僞 마카리우스는 이렇게 말한다. "한때 마음의 목초지에 가득했던 그 은총이 모든 지체와 생각들 위에 군림한다."

2. 마음 살핌

마음의 순결은 회복되어야 하는 하나의 상태다. 금욕 수행은 이것 외에 다른 어떤 것을 목표로 하지 않는다. 이 정화는 성경에서 유래하는 "마음을 지켜라"(잠언 4,23)라는 표현을 통해서 자주 명시된다. 자기 마음을 살피는 수도승은 '깨어 있음'과 '절제'*nêpsis*에 이르게 된다.

시나이의 헤시키우스(8~10세기)는 '깨어 있음' 안에서 모든 덕을 향한 길을 본다. 텅 빈 마음(無心)은 좋거나 나쁜 생각, 유혹 그리고 분심을 물리치기 위한 지속적 주의를 요구한다.

3. 마음으로 내려감

모든 저자가 머리에서 마음으로 내려가는 기도의 필요성을 강조한다. 심신상관적 기법은 육체의 심장(마음)을 정신 본래의 자리가 되게 하는 인간학[32]의 일환으로 간주한다. 이것이 바로 정신의 자기 자신으로의 귀환, 즉 정신의 명상과 집중 운동이 마치 밖으로 분산되었던 정신이 마음으로 내려가거나 다시 들어가는 것처럼 제시되고 있는 이유다. 마음의 기도는 또한 인간 전체가 기도가 되어야 함을 뜻하기도 한다.

이 기법의 현대 주석가들은 마음과 정신의 일치 관계에 대해서 다양한 설명을 제시한다. 일반적으로 그들은 정신을 물리적 마음(심장) 안에 두는 물질적 개념에서는 멀리 떨어져 있다. 아마도 자크 드 보라진(13세기)이 자신의 저서 『황금 전설』에서 안티오키아 주교 이냐티우스(재임 100~117)의 순교에 관하여 이야기하는 구절에 주목할 수 있지 않을까? 예수 이름을 그렇듯 자주 반복하는 이유를 묻는 사형 집행인들에게 이냐티우스는 마음(심장)속에 담고 있던 바를 대답한다. 순교한 후 그의 심장은 두 개로

잘리고 그 안에서 황금 글씨로 새겨진 예수 그리스도의 이름이 발견된다.

오늘날 아토스 산에 살고 있는 한 은수자는 기도 안에서의 마음(심장)의 위치와 중요성을 이렇게 설명한다. "기도가 지속되는 한 우리는 외부에서 마음을 돌려 우리 안으로, 즉 심저心底로 향하기 위하여 주의를 신체의 한 기관인 심장(마음)에 둔다." 그러므로 어떤 텍스트들에서 '마음의 눈'이라는 표현으로 정의된 정신과의 관계와 영혼과의 관계를 구분하면서도 마음의 물리적 측면을 소홀히 하지 않는 것이 바람직하다.

4. 순수한 기도

마음에 결합된 정신이 온갖 생각에서 벗어나게 될 때, 또 예수호칭이 침묵으로 끝날 때 순수한 기도에 도달하게 된다. 정화의 절정은 종종 그리스어 '아파테이아'*apátheia* 혹은 무욕정無慾情으로 정의된다. 그럼에도 불구하고 서방인들은 매우 일찍이 이 용어 사용과 관련하여 제한을 두었다. 사실상 이 용어는 무감동과 정적주의와 혼동될 수 있다. 시리아인 이사악(7세기)은 마음의 순례자들에게 이렇게 주의를 주었다. "순수한 기도의 완전한 신비에 도달하고 또 요르단 강 저편에 도달하는 유일한 사람을 각 세대에서는 어렵사리 발견하게 될 것이다."

순수한 기도의 성취는 분명 일생에 걸친 노력을 요구할 것이지만, 그렇다고 희망을 저버려서는 안 된다. 요한 크리소스토무스(349/354~407)가 전하는 다음의 아름다운 인용이 그것을 확증해 준다. "마음이 주님을 사로잡고 주님께서는 마음을 사로잡으시어 둘이 하나가 되도록 부단히 주 예수의 이름에 항구하시오."

8장 빛과 신화_{神化}

금욕 수행의 단계를 넘어서면 심안_{心眼}이 열려 관상의 단계가 시작된다. 마음이 예감하고 사랑했던 아름다움이 순수한 마음에 드러나게 된다. 수행자는 거기서 피조물 안에 감추어진 하느님 영광의 비밀을 볼 수 있다. 눈에 보이는 세계는 더 이상 불투명하지 않고 보이지 않는 분에 대한 관상에 오르기 위한 발판이 된다. 그러나 순례자인 인간이 갈망하는 것은 하느님에 대한 직접적 인식(영지)과 그분과의 일치다.

1. 창조되지 않은 빛 체험

동방교회 전통에서 하느님 인식과 빛의 환시는 서로 연결된다. 신新신학자 시메온은 하나의 오랜 전통을 바탕으로 수도승들에게 이렇게 가르친다. 즉 빛이신 하느님은 "각자 정화의 정도에 따라 당신께 결합하는 사람들을 당신 빛에 참여케 하신다"는 것이다. 심령학적 영역의 발현과는 관계가 없는 창조되지 않은 빛의 환시는 열띤 논쟁거리였다.

비판자들을 그대로 내버려 두는 것은 이해할 만하다. 이 체험을 표현함으로써 심각한 혼란을 낳을 수 있었고, 신학적이고 인간학적인 측면에서 매우 해로운 결과를 낳아 그리스도교 메시지의 본질을 왜곡할 위험도 있었다.

시메온의 인용은 육안을 통해 하느님의 영을 전달하는 에너지인 창조되지 않은 빛의 환시 신비에 접근하게 해준다. 타보르 산에서 요한과 야고보와 베드로는 변모된 그리스도를 보았다. "그분의 얼굴은 해처럼 빛나고 그분의 옷은 빛처럼 하얘졌다"(마태 17,2). 이 사건과 그 결과를 주석한 교부들은 모두 그리스도의 변모가 육화의 첫 순간부터, 즉 육체와 결합되던 순간부터 일어났다고 확신한다. 다마스쿠스의 요한에 따르면, 그리스도는 "자기에게 없던 바를 수용하면서가 아니라, 원래 있던 바를 자기 제자들에게 드러내면서, 그들의 눈을 열어 소경이었던 그들을 볼 수 있게 하면서" 변모되었다. 그 변모는 제자들 자신의 변모다. 성령의 능력에 의해서 변형된 그들의 감각들은 그리스도 육신의 베일을 통해서 그리스도의 신성을 감지할 수 있게 되었다.

독자는 창조되지 않은 빛의 환시에 대한 증언이 지난 세기들로 거슬러 올라간다고 여길 수도 있지만, 그것은 최근의 일들이다. 14세기 러시아 인물 사로프의 세라피누스 외에 아토스 산의 위대한 스타레츠 실루안(1866~1938)은 환시 도중과 환시 후에 신적 사랑의 감미로움과 깊은 평화가 어떻게 영혼을 가득 채우는지 보고했다. 그의 가르침은 헤시카즘 영성에 접근하는 데 매우 유익하다. 실루안에 의하면, 인간은 눈을 뜨고 바라보면서 동시에 두 가지 빛, 즉 자연적 빛과 신적 빛을 식별할 수 있다. 신적 빛에 대한 관상은 외적 조건에 의존하지 않는다. 그것은 밤의 어둠 속에서도 대낮처럼 드러날 수 있다.

빛의 인간 [33]

빛의 인간은 내면성을 지닌 사람이다. 그는 자기 자신 안에서 일치를 이루면서 하느님의 빛에 도달한 사람이다. 그는 하느님이 사랑하시는 것처럼 사랑한다. 더 정확히 말하면 그 사람 안에서 사랑하시는 분이 하느님이시다. 그는 신적 빛을 발산하고 생명을 가져온다. 성령께서 빛의 인간 안에 자신의 공간을 만드셨고, 여기서 성령을 통해 빛의 자녀들이 행하는 중요한 역할이 나온다. 그들의 독창성은 우주적 차원에 존재하여 온 세상의 구속자가 될 수 있다는 데 있다. 그렇듯 빛의 인간은 하나의 구원자이며 가장 보잘것없는 피조물을 포함한 모든 피조물이 그의 빛 선물의 수혜자다.

그 빛을 처음 보는 것이 하느님을 결정적으로 소유하는 것을 뜻하지는 않는다. 은총이 그 사람을 방문하지만, 때때로 그를 저버리는 것처럼 보인다. 이는 그가 겸손을 통해 고양되게 하기 위함이다.

아토스 산의 또 다른 수도승들이 창조되지 않은 빛의 증인들이다. 즉 자주 빛으로 충만했던 사제 페트루스(†1962), 낮보다 한밤중에 더 명확하게 보았던 러시아 사제 아우구스티누스(†1965), 신적 빛과 비교되는 세상의 빛은 한낮에도 어둠일 뿐이라고 말한 헤시카스트 사제 요셉(†1959)이 그들이다.

2. 일치에서 신화로

그레고리우스 팔라마스에 따르면, 환시와 하느님 인식은 인간의 신화神化를 전제한다. 인간의 변형은 사실상 아타나시우스의 유명한 다음 말에서 요약된다. "인간이 하느님이 될 수 있도록 하느님께서 인간이 되셨다." 일치는 개인의 소멸을 뜻하지 않는다. 그것은 하느님 안에서의 재통합이다. 이 점에 관해서 본질과 신적 에너지들 사이에 구분이 불가피하다. 카이사리아의 바실리우스는 한 편지에서 이렇게 단언한다. "우리는 그분 에너지 안에서 하느님을 알지만, 우리가 그분 본질 자체 안에서 그분께 다가간다고는 거의 확언하지 못합니다."

하느님은 초월적 상태로 계시며, 당신 에너지를 통해 우리를 당신께 참여하게 하신다. 참하느님이요 참인간이신 그리스도 안에서 인간존재는 자신의 완전함을 발견한다. 결국 하느님 안에서만 사람은 참으로 인간적이다. 본성상 인간으로 남아 있다 하더라도 그는 은총을 통해 "시작도 마침도 없으신" 하느님이 된다.

신성과 인성의 결합을 묘사하기 위하여 교부들은 온갖 본성의 혼동을 없애 주는 이미지들에 의지한다.

수도승 막시무스 캅소칼리비트[34]는 시나이의 그레고리우스와 대화하던 중에 다음 비유를 통해서 신화를 묘사하였다. "마찬가지로 불에서 멀리 떨어져 있는 초는 단지 초일 뿐입니다. 그러나 만일 초가 불에 가까이 다가가면 불이 그것을 삼켜 버리고 용해시켜 자기처럼 완전히 연소시킵니다. […] 초는 불과 함께 타서 전부 빛이 됩니다. 그 결과 온전히 초로 남아 있으면서도 초는 더 이상 자기 본성으로 실재하지 않고 완전히 빛입니다."

창조의 모든 영역에서의 조화에 의해서, 또 신적 에너지들의 작용 아래 육체 자체는 변형에 참여한다. 새 아담 예수의 육화에 의해서 우리 원래 본성이 회복된다. 그 점

사랑은 인식, 즉 영지靈知에서 분리될 수 없다. 사랑은 개인적 인식의 조건으로서 그것 없이 일치를 향한 길은 어두울 것이며, 이집트의 마카리우스에 따르면, 어떤 목적 없는 "미궁의 금욕 수행"일 것이다. 도로테우스에게 "영지와 무관한" 금욕생활은 어떤 가치도 지니지 못한다. 오로지 항상 깨어 있는 영성생활, 하느님과의 지속적 친교 안에 있는 삶만이 우리 본성을 변형시켜 신적 본성과 비슷하게 할 수 있다. 본성이 신화하는 은총과 보다 밀접한 관계를 맺으면서 변형되는 만큼 "영지", 즉 영적 인식은 증가한다. 완전한 사람 안에는 '무의식'과 본능 혹은 타성을 위한 공간이 더 이상 남아 있지 않을 것이다. 인간 인격에 적응된 신적 빛이 모든 것에 스며들 것이다.

에 관해서 시리아인 이사악은 동물들이 범죄 이전 아담에게서 나온 향내를 맡았다고 주장하면서 거룩한 은수자들 옆에서 온순해진 야수들의 현존을 설명한다. 원래 상태로

돌아간 인간은 신적 "유사성"에 도달하면서 자신의 궁극적 목표를 향해 고양될 수 있다.

3. 은총의 역할

만일 서방에서처럼 자연과 은총의 대립 견해를 견지한다면, 인간이 지상 생활 중에 신화를 실현할 수 있다는 주장은 기이하게 느껴지고 거슬릴 수 있다. 동방 그리스도교 쪽에서는 인간 본성이 하느님의 모상으로 창조되었다고 생각한다. 그 결과 자연과 은총을 상호 보완적인 것으로 간주한다.

마음의 기도법 자체가 저절로 신적 은총을 얻게 해 주는가? 교부들 자신은 이 가능성을 부인한다. 그들은 심신 상관적 기법이 영혼을 기도에 준비시켜 주는 정신 집중에 도움을 준다는 점을 환기시키지 않을 수 없었다. 이 기법의 가치를 과대평가하는 것은 수단과 목적을 혼동하게 할 위험이 있다. 중요한 것은 인간이 자기 안에서 활동하는 은총을 의식하게 하는 것이다. 신적 생명이 우리 안에 내려오기 위해서는 기도 중에 신앙으로 그것에 우리를 개방

할 필요가 있다. 헤시카즘 전통은 공로 개념을 무시하지만, 신앙 절대주의 태도와는 반대로 인간의 노력을 거부하지는 않는다. 신앙 절대주의에 의하면, 하느님은 오직 신앙 행위와 계시를 통해서만 이해될 수 있다. 만일 덕행 실천이 영혼을 하느님과의 일치에 준비시킨다면, 그 일치를 실현하는 것은 오직 은총이다. 그리고 덕들 자체가 인간의 속성은 아니다. 그것들은 인간 안에 있는 신적 모상의 반영이다.

두 의지, 즉 신적 의지와 인간적 의지를 결합시키는 상호관계, 즉 신인 공동 협력*synergia*을 설명하기 위하여 니사의 그레고리우스(330경~395경)는 이렇게 말한다. "하느님 은총이 구원을 거부하는 영혼들 안에 머무를 수 없는 것처럼 오로지 인간의 능력만으로는 은총에 무관심한 영혼들을 완전함으로 들어 올리는 데 충분하지 않다."

은총의 사라짐 [36]

주님이 방문하여 당신 은총으로 가득 채워 준 영혼이 어떤 이유로 그것을 잃을 때, 그는 큰 고통에 시달리며 그것을 되찾고 싶어 한다. 또 매우 오랫동안 그 영혼은 자기가 맛보고 누렸던 그 은총을 찾으면서 고생한다. 그리고 주님께서 그의 충실성을 확인하기 위하여 장기간 영혼을 시험하시는 일이 일어난다. 그러나 영혼은 자기가 알았던 이 감미로움을 자신 안에서 감지하지 못하면서 다시 그것을 목말라하며 겸손하게 기다린다. 그리고 열렬한 사랑으로 주님을 향해 부단히 달려간다.

우리가 은총의 상태에 있을 때, 주님을 사랑하고 밤낮으로 기도하기는 쉽다. 그러나 지혜로운 사람은 건조함도 견딘다. 그는 주님을 굳게 희망하고, 그분께서 자신의 희망을 저버리시지 않는다는 것과 제때에 필요한 모든 것을 주시리라는 사실을 안다.

사막과 수도원의 고독 속에서 생겨난 예수기도는 하느님을 찾는 수도승들이 세대에 걸쳐 전달한 영적 보화다. 그들은 자신 안의 세계와 싸우고 사랑의 정점으로 인도하는 본질적 조건인 헤시키아 속에서 살기 위하여 외부 세계를 떠났다.

기도 수행은 그 사람의 사회적 조건, 직업이나 가정 상황이 어떠하든 간에 모든 사람에게 권고되는바, 우리에게는 이러한 물음이 제기된다. "오늘날 세상 안에서 헤시카스트의 길을 어떻게 따를 것인가?"

19세기까지 오늘날 선진국의 인구 대다수가 농민이었

다. 따라서 고독과 침묵 중에 기도에 전념하기가 더 수월했다. 금세기(20세기) 말에 사람들은 거대한 도시 한복판으로 모여들고 있는데, 거기서는 소음과 혼잡과 분심을 피할 수가 없다. 소통의 시대가 오히려 본디 내밀한 성령의 소리를 억누른 채 잡다한 정보에 사로잡힌 사람들로 하여금 내적 경청을 어렵게 하는 것 같다.

과연 하느님은 돌아가시지 않았으나 우리에게 잊혀졌다. 존재에 대한 소유의 우월성으로 두드러진 우리 문명은 영적 탐구를 거의 무의미하게 만들었다. 그만큼 대용물이 많다. 전통적 종교 관습에 대한 안타까운 모방이 굶주린 사람들, 즉 교의에 무지하여 희생된 이들에게 양식으로 주어진다. 반경은 확대되고, 힘은 늘어나고, 중심은 줄곧 멀어지기만 하다가 마침내 시야에서 사라지고 만다.

하느님을 찾는 사람에게는 하나의 중심이 필요하다. 전통 안에서 진정성이 보증되는 바로 그 길, 즉 예수기도의 수행과 심신상관적 기법 학습은 영적·심리적·육체적 완전성을 재발견하는 수단들이나 마찬가지다. 그러나 심리학적 균형 그 자체로만 성덕의 기준이 되는 것은 아닐 것이다.

이 여정을 시작하기 위해서 수도승이 될 필요도, 사막에 갈 필요도 전혀 없다. 그렇다 하더라도 내적 생활의 선택은 물러남의 때를 내포하고 있다. 그 시기 동안 우리는 "내적 도시로" 향하기 위하여 외적 도시의 온갖 근심사를 내려놓을 것이다. 규칙성은 절대적으로 필요하다. 하루에 5분 혹은 일주일에 1시간일 수도 있다.

외적 관점에서 보면, 자신에게 되돌아감과 하느님 기억은 이기적 물러남처럼 보일 수 있다. 그러나 문제는 진실한 인간을 실현하는 것이다. 이 때문에 오류에 빠진 자신의 위선을 포기해야 한다. 자기 마음 안에 정주한 영적 인간은 조건 없는 사랑을 사랑하며 그 자신이 사랑이다.

우리 시대를 휘감고 있는 어둠의 보상으로 여명의 조짐도 보인다. 대체로 동방교회의 사제와 신자들에 의해서 구성된 기도 중심지들은 마음의 기도 입문 과정을 제공한다. 온갖 종파의 그리스도인이, 특히 서유럽 출신 수도승들과 더불어 수도승생활 부흥(1980년 기준으로 수도승 수가 1,191명임)이 한창 진행 중인 아토스 산에서 위안을 발견한다.

예수기도에 바쳐졌거나 그것을 명확히 언급하는 작품들이 많이 늘어났다. 이 모든 것이 여러 위대한 영성 전통

재발견 운동의 일환을 이루고 있다. 게다가 많은 저자가 헤시카스트의 길과 다른 길, 그중에서도 수피즘이나 일부 불교 종파들의 길 사이에 존재하는 유사성들을 강조하기를 잊지 않았다(부록 3, 4 참조). 그 형식과 내용을 비교하는 것은 깊은 일치를 암시해 준다. 가자의 도로테우스(6세기)가 사랑이 무엇인지 가르치기 위해서 사용한 아름다운 비유가 이 사실을 설명하는 데 도움이 될 것이다. "원은 세상을 나타내며, 그 중심은 하느님이고, 광선들은 여러 길이다."

하느님을 찾는 사람들이 그 원의 중심을 향해 나아갈 때, 그들은 서로 가까워지는 동시에 하느님께도 가까이 다가가게 된다. 그들이 하느님께 가까이 가면 갈수록 그만큼 서로 가까워지게 된다. 모든 길은, 처음에는 반대되던 길들조차 하느님 안에서 서로 다시 만난다. 하느님 안에서 우리는 우리 자신이다!

기도 덕분에 우리는 현세에서부터 내세를 맛볼 수 있다. 아토스 산의 한 은수자는 어떤 벽화들에 표현된 금욕가와 성인들 얼굴 사이의 유사성을 설명하면서 이 점이 화가들의 무능 탓이 아니었음을 일깨워 주었다. 그것은

현세에서의 성덕이 우리가 내세에서 갖게 될 모습을 금욕
가들에게 부여하면서 그들의 얼굴을 변형시켰다는 사실
에 기인한다. 우리는 모두 같으면서도 다르게 될 것이다.
이는 마치 원의 중심과 원 주위의 모든 점과의 관계와도
같다(아래 그림 참조).

이러한 숙고를 이해하기 위해서 '기도하는 천주의 모
친' 성화상으로 시선을 돌려 보자. 기도의 자세를 한 동정
녀는 팔을 들어 올리고, 제 어머니 가슴 앞에 있는 아기

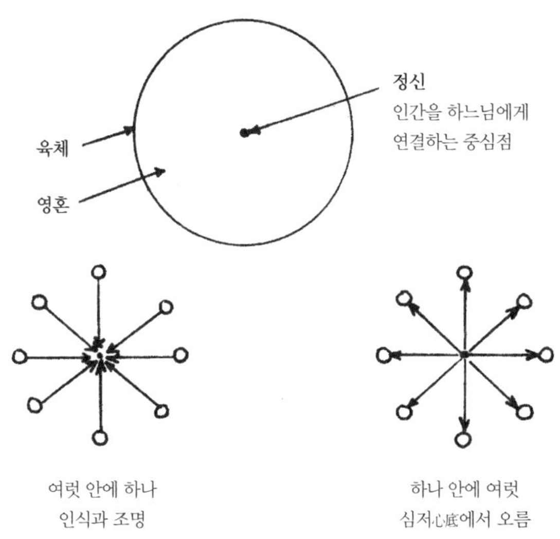

여럿 안에 하나
인식과 조명

하나 안에 여럿
심저 心底에서 오름

예수는 원 안에 그려져 있다. 우리 관상에 제시된 모델인
이 성화상은 우리가 되어야 하는 바를 상기시켜 준다. 그
것은 또한 동정의 순수성에 도달한 기도의 사람을 상징하
기도 한다. 즉 구원 은총이 그의 마음 안에 육화하고, 그
는 자기를 변모시키는 "세상의 빛"인 그리스도를 낳는다.

이 작은 책이 독자들을 예수기도의 길에 들어서도록 격려
하고, 또 마음의 귀를 기울이는 사람의 열정을 지켜 줄 수
있다면 그 역할을 다하게 되는 것이리라.

〈지도 1〉

아토스 반도의 수도원
古 대수도원
스키트와 켈리는 대부분
아토스 산과 사막에 모여 있다.
카포 플라티
에스파그메누
바토페디
질란다리
조그라프
카스타모니투
도키아리우
크세노폰토스
카리에스
성 판텔레이몬
크세로포타무
필로테우
판토크라토르
스타브로니키아
이비론
카라칼루
시모노스 페트라
그레고리우
디오니시우
성 바울로
대 라우라
카포 라우라
아토스 산
사막
카포 캅소
신기티코스 만
암모울리아네
아토스 반도

〈지도 2〉

노브고로드
볼가 강
성 세르지우스
모스크바
사로프
옵티나 푸스틴
러시아
키에프
드네프르 강
돈 강
발트 해
니아메츠
루마니아
다뉴브 강
흑해
불가리아
콘스탄티노플
폰투스
니케아
아토스 산
카이사리아
카파도키아
아테네
안티오키아
지중해
크레타
키프로스
예루살렘
니트리아
스케티스
시나이(성 카타리나 수도원)
이집트
나일 강

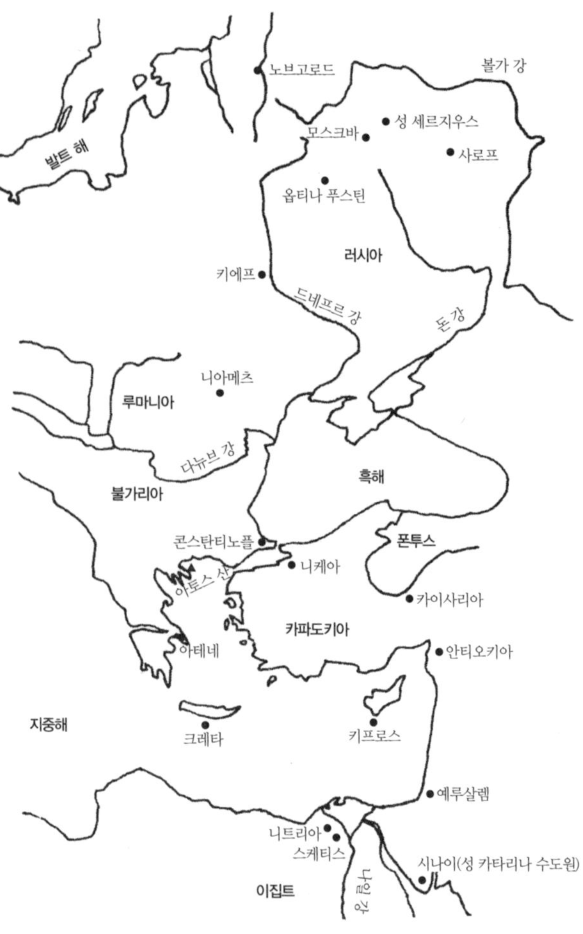

마음의 기도 중심지

부록1 유대 신비주의의 이름 호칭에 관한 언급

다음 고찰들은 제한적이고 복잡하며 때로는 모호하지만, 그리스도인들도 알아 둘 만한 가치가 있는 유대 신비주의의 몇몇 측면에 대한 소박한 접근일 뿐이다.

"그때에 주님의 이름을 받들어 부르는 이는 모두 구원을 받으리라"(요엘 3,5). 요엘 예언자의 이 짧은 권고는 호칭기도 수행의 기초가 되고 주님 이름의 구원 능력을 강조한다. 이 이름*shem*은 단순히 보석을 넣어 두는 상자가 아니다. 철자는 상징적이며 그것을 발음할 때 생긴 음파가 영혼 안에서 진동한다. 말씀은 창조자이며, 그의 이름은 지칭하는 것으로만 끝나는 것이 아니라 호칭된 분을 존재하게 하고 현존하게 한다.

하느님은 당신 이름 안에 당신의 모든 은총과 자비를 두시어 그 이름을 부르는 사람은 누구나 빛을 받아 구원되게 하셨다(탈출 33,19; 34,5-7). 하느님의 이름은 네 글자로 된 낱말, 즉 '요드-헤-바브-헤'*iod-hé-vav-hé*나 '야훼'*YHWH*라는 네 자음을 부름으로써 형상화된다. 처음에 이 이름의 발음은 규정과 예식으로 둘러싸였고, 이름에 대한 절대적 경외심은 이름이 이교적으로 사용되는 일을 방지했다. 욤 키푸르 축제 같은 드문 경우에만 예루살렘 성전에서 야훼 이름을 발음하는 것이 허용되었다. 예루살렘 성전 파괴(기원후 70년) 이후 이 이름은 발설이 금지되었다. 이 위대한 이름 이외에 12개, 42개로 구성된 순전히 신비적인 신성한 이름이 많았다. 게다가 하나의 의미가 부여된 72개의 글자로 된 이름과 또 특별한 기능을 띤 이름들도 있었다.

라삐 시메온 바르 요카이(2세기)의 작품으로 간주되고 레옹의 모이세(13~14세기)가 편집한 *Sepher Ha Zohar* 혹은 『빛의 책』(모세오경에 대한 비의적 주석)은 다음과 같이 선언한다. "하느님과 그분 이름은 단지 하나일 뿐이다." 하느님은 당신 이름 안에 현존하시며, 따라서 당신 이름을 부르는 사람 안에도 현존하신다. 이 이름은 그것을 부르는 사람이 신적 현존 혹은 '쉐크히나흐'*shekhinah*로 채워지도록 끊임없이 신성시되어야 한다. 세기를 거치면서 '쉐크히나흐'라는 말은 복합적 의미를 띠게 된다. 탈무드(율법, 즉 토라 연구)에서 '쉐크히나흐'는 하느님과 그분의 내재성과 동의어다. 반면 '엔-소프'*En-sof*(절대자, 초월적 실재)는 하느님의 초월적 측면을 나타낸다. "이스라엘이 유배 중일 때 '쉐크히나흐'는 그와 함께 계신다." 탈무드에서 발췌한 이 구절은 하느님이 당신 백성을 저버리지 않으시고 당신께 충실한 이스라엘의 모든 아들 옆에 계심을 보여 준다.

강신술을 사용하는 유대교 점쟁이들*kabbalistes*에게 '쉐크히나흐'는 신성과 분리된 것처럼 나타나며 이스라엘의 집단 영혼을 표현한다. 중세기에 유대 신비주의자들은 그것을 자기 신랑이신 하느님과 분리된 신부인 '이스라엘의 집회'와 동일시했다. 인간은 하느님을 부르면서 자기 마음 안에, 그리고 더 나아가 자기 전 존재 안에 그분이 현존하시게 한다. 마음*leb*은 특히 기억 집합소이자 기억의 장소다. 기억하고 싶은 것을 자기 마음에 새겨 두어야 한다(잠언 6,21). 지혜의 가르침과 계명을 지키는 것은 마음이다(잠언 3,1). 잠언의 저자는 '우리 마음의 식탁' 위에 자신의 가르침을 적으라고 권고하지 않는가?(잠언 7,3). 그리고 하느님만이 당신께 대한 우리의 충실성이 강화되는 곳인 마음의 비밀들을 아신다(시편 44,22).

충실성을 유지하는 하느님을 향한 상승은 '마음의 할례'를 요구한다. 이는 예레미야 예언자가 주문하고(예레 4,4) 또 바오로가 로마서에서 그리스도인들에게 호소하는(로마 2,29) 바와 같다. 히브리어로 '자카르'*Zakhar*라는 말은 '기억'을 나타낸다. 이 말은 수피즘의 '지크르'*Zikr* 혹은 '디크르'*Dhikr*와 같은 뜻을 지니며, 사람을 의미하기도 한다(창세 1,27). 즉 남자든 여자든 사람은 기억하는 자, 자기 근원을 기억해 내는 자일 것이다.

카발리스트들은 수피즘의 수행법과는 다른 수행법을 따르면서 거룩한 이름들을 기억하고 부르는 일에 전념했다. 그 점에 관해서 13세기 한 익명의 카발리스트의 비판적 증언이 수피들의 수행법과의 접촉을 밝혀준다. 『정의의 문들』이라는 제목이 붙은 저서에서 그는 이슬람 신비주의자들의 길을 저속하다고 규정하며 다음과 같이 묘사한다. "나는 그들이 '알라'*Allāh*의 이름을 부르는 소리를 들었다. […] 나는 그들이 이 문자를 발음할 때 자연의 모든 형상에서 멀어져 그들 생각을 완전히 집중한다는 사실을 발견했다." 그는 카발kabbale(전통)을 모르는 이 금욕가들이 스스로 이해하지 못하는 과정을 통해 탈혼 상태에 들어간다고 말하면서 이 부분적 평가를 정당화하려고 노력한다.

이 익명의 저자는 가장 유명한 카발의 대변자 중 하나인 아브라함 아불라피아(13세기)의 제자였다. 그의 가르침 혹은 '이름들의 길'은 22개의 히브리어 자음의 모양과 의미 연구인 언어 신비주의를 토대로 한다. 이미 오래된 한 전통의 계승자인 그는 2세기와 3세기 사이에 쓰인 『창조의 책』*Sepher Yetsira*에서 출발한다. 이 유명한 책은 창조 과정에서 문자와 숫자의 역할에 관한 비교적秘敎的 고찰들의 본질을 드러내 보여 준다.

2세기부터 비교주의자秘敎主義者들은 하느님 이름을 창조자이신 말씀과 동일시했고, 만물이 신적 언어의 22개 문자의 조합을 통해서 창조되었다는 교의를 만들어 냈다. 창조는 성경의 하느님의 행위로서 제시된다.

묵상과 탈혼 때 육체와 영혼의 준비에 관해 아불라피아가 지시한 바는 헤시카즘의 다음 가르침을 연상시킨다.

"네 마음이 오로지 하느님만을 향하도록 준비하라. […] 네 독방에 앉아 누구에게도 네 비밀을 드러내지 말라. 너는 그것을 낮에 네 집에서 행하라. 하지만 가능하다면 밤에 수행하는 편이 더 낫다. […] 이 세상의 헛된 것들에서 네 생각을 멀리하도록 노력하라." 그 후 전통적 조합 원리들에 따른 문자의 길이 상세히 제시된다. '마음이 뜨거워질 때' 마음속으로 '하느님 이름과 그분의 하늘 천사들'을 상상하려고 노력해야 한다. 이 수행의 목적은 예언적 환시다. 환시 중에 하느님 이름의 신비와 그분 나라의 영광이 밝히 드러난다.

아불라피아의 작품 『지성의 빛』*La Lumière de l'intelligence*을 평가하기 위하여 유대 신비주의의 거장 게르숌 숄렘은 '유대교화된 요가'라는 표현을 사용했다. 실제로 호흡이나 몸의 자세가 갖는 역할은 아시아의 정신 집중 방법들에 대해서 알고 있었던 그 카발리스트 스승의 작품에서 설명할 것이다.

서문에서 밝혔듯이 이것만으로는 충분하다고 할 수 없다. 독자들이 이에 대해 더 큰 관심을 갖게 되기를 바란다.

부록 2 마음의 기도와 예수성심 신심

서방에서 행해진 마음의 기도와 17세기 교회 안에서 출현한 예수성심 신심을 혼동하는 것은 위험한 일이다. 두 경우 모두 마음이 중요한 위치를 차지하기 때문이다.

예수성심 신심은 일종의 복합적 현상이다. 그 발전 과정을 살펴보지 않더라도 몇 가지 점에서 마음의 기도와의 차이점을 보여 주는 동시에 상징적 관련성도 드러난다.

예수성심 신심은 요한 복음에서 유래한다(요한 3,16; 13,2; 19,34). 창에 찔려 생긴 그리스도의 옆구리 상처와 거기에서 흘러나온 피와 물은 초기 그리스도인들에게 깊은 영향을 미쳤다. 이 피와 물은 그들에게 예수께서 약속하신 영,

곧 생명수를 연상시켜 주었다(요한 7,37-39). 요한 크리소스토무스와 아우구스티누스(354~430)는 잠자고 있던 아담의 옆구리에서 태어난 최초의 여자 하와처럼 그 상처에서 교회가 태동한다고 보았다. 중세기에 그리스도의 상처와 마음을 묵상했던 저술가들은 거기서 모든 신비를 끄집어내어 드러냈다.

베르나르두스는 아가서에 대한 멋진 강론 중 하나에서 예수 마음의 신비는 그분의 온갖 애정과 사랑을 표현하는 그분 육체의 상처들을 통해서 드러난다고 말했다.

'은총의 샘' 혹은 '새 계약의 궤'라고 불린 예수 마음에 점차 온갖 심오한 상징적 의미들이 붙게 되었다. 우리가 말하는 마음은 감정이나 감성의 자리로서가 아니라 오히려 존재와 지성의 자리로서 간주되었다. 하느님 마음에 대한 신심 역사에 한 단계를 놓은 헬프타의 게르트루트(†1301)에 의하면 마음은 완전히 충만한 신성의 신비들을 담고 있다.

17세기에 요한 에우데스(1601~1680)는 마음을 더 이상 욕정들의 자리로 축소시키지는 않았지만, 신중히 성경적 의미들을 조사하여 『놀라운 마음』*Le Cœur admirable*이라는 작품에서 세 가지 마음을 구분하면서 예수성심을 정의했다. 여기서 세 마음은 신화神化된 육적 마음, 영혼의 보다 우월한 부분인 영적 마음 그리고 성령인 신적 마음이다. 이것들은 오직 사랑으로 충만한 하나의 마음을 이룬다.

예수성심 신심은 널리 확산되었고, 파레 르 모니알에서 마르가리타 마리아 알라코크(1647~1690)가 계시를 받은 이후 더욱 대중화되었다. 시간이 흐름에 따라 이 신심은 초기 증언에서 드러나던 정감 어린 단순성과는 매우 거리가 먼 형태를 띠기도 했다. 특히 19세기에는 상처받은 예수 마음에 대해 죄의식을 갖게 하는 해석과 관련된 달콤하고 감상적인 통속 판화도 생겨났는데, 다행히도 성심의 은수자 샤를르 드 푸코(1858~1916)의 삶과 작품을 통해서 균형을 이루게 되었다.

예수성심 신심과 그분 이름 부름을 우리 마음 안에서 하나의 빛나는 끈으로 연결할 수 있을까?

가장 먼 고대에 기원을 둔 전통의 전달자들인 남프랑스의 음유시인들에게 마음을 일치시키는 것은 순수한 사랑이었다. 앙드레 르 샤플랭(12세기 말~13세기 초)은 『사랑에 대하여』*De Amore* 라는 작품에서 "마음을 결합하는 사랑"이라고 표현했다. 그리고 시인들은 사랑을 통해서 또 사랑 안에서는 오직 하나일 뿐인 두 마음의 일치를 노래했다.

이제 사랑을 살피는 일만이 우리에게 남아 있다.

예수를 기억하고 사랑과 신앙으로 그분 이름을 부르는 사람은 그 자신이 예수 마음으로 되돌아오는 것 아닌가?

마음이 예수 이름과 현존으로 채워질 때, 거기에 예수 자신의 마음 외에 또 다른 마음을 위한 자리가 남아 있겠는가?

장 오몽의 대작大作『우리 마음 안에 개시된 희생당한 어린양의 왕국』에서 발췌한 다음 인용은 예수성심을 우리 마음에 일치시키는 끈을 이해할 수 있게 해 주며, 구세주 이름의 능력과 성삼위가 행하는 내적 작용들에 대한 분석이 드러난다.

"결국 예수 그리스도의 사랑이 우리를 재촉하고 우리 구원은 우리를 유혹한다. 하지만 그분은 왜 우리를 내적으로 버려두시지 않고 사랑, 영광, 생명 그리고 빛이라는 이 신적 도구(우리 마음을 당신 마음에 연결하시는 도구)를 통해 초자연적으로 우리를 자극하여 움직이게 하시는가? 왜냐하면 그분의 열린 성심은 그분이 당신 이름의 효력으로 우리 마음 안에 치유의 기름을 부어 주시는 통로가 아니기 때문이다. 그리고 그분의 신적 암시를 통해서, 또 당신 말씀을 발하는 온갖 빛의 원천이신 성부의 은밀한 작용 안에서 우리에게 내적으로 드러나는 고귀한 특성과 놀라운 효과와 전능이 아니기 때문이다.

그리고 어째서 성부는 영혼 한가운데에 말씀을 낳으시고, 완전한 삶에 필요하고 적합한 모든 것을 영혼에게 가르치시는가? 왜냐하면 말씀의 인격적 파견을 통해 예수께서 성부에 의해 우리 마음 안에 언급되고 발설되며, 또 거기서 예수 자신이 스스로에게 말씀하시고, 당신께, 당신을 향해 다정히 돌아선 우리에게 말씀하시며, 우리 마음 안에 당신 생각과 감정을 털어놓으시기 때문이다. 예수는 오직 그리스도인의 마음 깊숙한 곳에 말하고 언급되어야 하고 또 거기서부터 경청되어야 하는 말씀, 곧 유일한 낳음으로 탁월하게 성부의 가슴으로부터 언급되고 발설된 말씀이시기 때문이다. 예수는 우리 마음 깊은 곳에서 말하면서, 또 거기서 그 자신이 언급되면서 성부와 성자의 사랑을 낳기 때문이다. 이 신적 사랑인 성부와 모든 신적 관계, 친교와 일치, 거룩한 사랑의 주재자께서 예수의 부활한 생명의 이 은총들 가운데서 우리 구원의 값진 물약을 흐르게 하신다. 그것은 곧 영혼 깊은 곳까지 십자가에 못 박히는 성배다."

부록 3 수피즘에서의 마음의 기도와 하느님 기억

근본적으로 이슬람교의 경향을 띠는 수피즘은 이슬람교의 내적·신비적 측면을 보여 준다. 이들은 한 스승 주위로 모인 형제들 혹은 '타리카'*tariqah*로 이루어지며 여러 측면에서 그리스도교 영성을 드러내는 요소들을 담고 있다.

다른 무엇보다도 수피들과 헤시카스트들에게 공통된 본질적 개념이 두 가지 있는데, '마음'과 '하느님 기억'이라는 개념이다. 인간 영혼은 하느님의 능력으로 간주되며 마음의 정화는 회귀의 길을 연다. '마음'이라는 용어는 두 가지 측면을 갖는다. 즉 육의 마음과 육체 기관 안에 자기 자리를 가지고 있는 영적 마음이다. 수피들에게 인간 육체는 마음의 '골방' 속에서 당신 빛인 '등불'을 비추시는 하느님의 '성전'이다. 하느님은 예언자에게 말씀하신다. "내 땅과 내 하늘도 나를 받아들이지 못한다. 오로지 나는 내 충실한 종의 마음 안에 받아들여진다."

위대한 신비가이자 시인이며 이슬람 수도승 단체의 창설자인 잘랄 앗 딘 루미(1207~1273)는 하느님을 찾는 사람이 얻으려고 노력해야 하는 순수함을 상기시킨다. "너의 순수한 본질을 관상할 수 있도록 자아의 속성들을 정화하라. 그리고 책과 선생과 스승 없이 네 마음속으로 예언자들의 모든 가르침을 관상하라. 수피들의 책은 잉크와 문자로 되어 있지 않다. 그것은 눈처럼 하얀 마음 외에 다른 무엇이 아니다."

신자는 마음으로 하느님을 기억하면서 그 자신이 하느님 기억과 현존 속으로 들어간다. 코란의 여러 구절에서 '하느님 기억' 혹은 '디크르'*Dhikr*의 중요성이 언급되고 있으며, '디크르'라는 말이 기억과 부름을 나타내는 데 동시에 쓰인다는 점에 유의해야 한다.

하느님은 당신 종에게 부단히 당신을 부르고 어떤 상황에서건 당신을 생각하도록 요구하시며 다음과 같이 약속하신다. "너희는 나를 기억하라. 나는 너희를 기억하리라"(코란 2,147).

하느님은 평화이시고 마음은 그 "평화의 거처"다. 그분 이름 부름이 평화를 주는 이유가 이것이다(코란 13,28). 여러 신심 단체 안에서 알라에 대한 기억은 개인적으로 혹은 공동으로 행해지는 수행이다. 여기에는 자주 음악이나 춤이 동반된다. '디크르' 방법들은 여러 저자를 통해서 상세히 언급되었다. 그 기술적 복잡성과 섬세한 중심, 호흡 조절, 몸의 자세, 상상에 대한 언급들, 피상적 용이성이 사람의 눈을 속여서는 안 된다. 기본 지식에 대한 교육은 이 텍스트들의 정확한 의미와 적용을 진지하게 이해하기 위한 첫 번째 조건이다.

가장 위대한 이슬람 사상가 중 하나인 가잘리(1058~1111)는 이러한 말로 하느님 기억 수행에 자신의 모든 역량을 발휘했다. "인간은 '디크르'와 친숙해질 때 다른 모든 것에서 분리된다. 그래서 죽음의 순간에 그는 하느님 이외의 다른 모든 것에서 분리된다. […] 그에게는 오로지 디크르만이 남는다. 디크르가 그에게 익숙하면 그는 거기서 기쁨을 얻고 또 자신에게서 기쁨을 앗아 가는 장애물들이 사라진 것에 즐거워한다. [⋯] 그 결과 그는 오직 자신의 연인과 함께 있는 것처럼 보인다. 따라서 인간은 죽음 이후 이 친밀성 안에서 자기 기쁨을 발견하게 된다. 게다가 하느님의 보호 아래 들어간 그는 만남에 대한 생각에서 만남 자체로 상승한다."

'디크르'의 한 방법 [38]

가장 유행하는 방법 중 하나는 특별한 운동을 통해 디크르의 정신적 암송 혹은 구두 암송을 동반함으로써 이루어진다. 이 운동은 두 종류인데, 하나는 앉거나 선 자세에서 머리나 상체를 움직이는 것이고, 다른 한 종류는 단체로 수행하는 것이다. 다음은 매우 전형적인 운동을 도식화한 것이다.

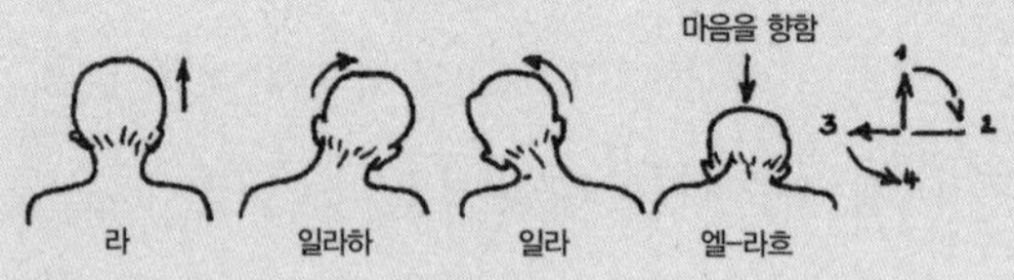

이 동작들은 여러 의미를 담고 있다. 정신적 암송이나
구두 암송을 도와주는데, 오직 이 암송을 통해서만 분
심의 위험을 피할 수 있다. 리듬에 따른 호흡을 동반한
머리의 회전운동은 안귀의 불균형을 초래하기도 한다.
이 운동은 매우 빠른 박자로 진행됨에 따라 과도한 호
흡을 유발하며, 강제적 호흡으로 인한 불균형은 마비나
혼미 상태를 유발하게 된다. 이 상태는 운동학상의 최
면 상태와는 다르지만, '디크르'의 의미를 통합하기 위
해 요구되는 정신 집중을 도와줄 수 있다. 결국 이 운동
의 반복은 육체와 그 영적 중심(배꼽, 머리 그리고 무엇보다
도 마음)에 대한 하나의 상징적 이미지를 바탕으로 하여
부각된다. 하느님 이름을 발음함으로써 전달된 모든 잠
재 능력은 바로 이 기관 위에 모아져야 한다.

부록 4 불교의 염불

일본에는 대부분 중국에서 기원한 상당히 많은 불교 종파가 존재한다. 이 종파들 가운데 수도승 엔닌円仁(793~864)이 도입한 정토종淨土宗 '조도슈'에는 마음의 기도와 매우 유사한 몇 가지 요소가 있다. 실제로 엔닌은 염불 수행 혹은 '무한한 빛'을 뜻하는 아미타불의 이름을 암송하는 수행을 확산시켰다. 아미타불은 지리적 장소가 아닌 의식의 상태를 나타내는 '서방 극락세계', 곧 정토의 스승으로 간주된다. 이 서방정토는 길의 마지막 단계는 아니지만 여기 도달한 사람이 보다 낮은 영적 단계나 상태에 다시 떨어지지 않도록 보호해 준다. 암송 형식은 "나무아미타불"

(아미타불에게 돌아가 의지한다는 뜻)을 염하는 것이다.

12세기 승려 호넨法然(1133~1212)은 종교적 쇠퇴기에 살던 사람들에게 '쉬운 길'을 제시하려는 희망으로 이 종파를 창립했다. 호넨에 따르면, 제한된 소수의 영적 엘리트에게 주어진 성스러운 고난의 길은 매우 엄격한 전통적 금욕 수행의 성격을 띠고 있었다. 염불은 특별히 열정에 호소하면서 종교 수행의 최고 형태가 되어야 했다. 조도슈가 수도승일 것을 요구했던 반면, 신란親鸞(1172~1262)이 설립한 정토진종淨土眞宗 '조도신슈'는 앞서 말한 '쉬운 길'의 극단적 형태를 보인다. 조도신슈는 수도승적이지 않았다. 오히려 평신도들로 구성된 종파였다. 깨달음을 얻기 위해 "나무아미타불"을 반복하며 아미타의 본원력本願力을 절대적으로 신뢰하는 것 말고는 어떤 특별한 노력이 요구되지 않았다. '아미타교'라는 말로 지칭된 정토종은 오늘날 중국과 일본에서 가장 많은 신도를 둔 불교의 한 종파다.

1 Saint Jean Climaque, *Vingt-Septième Degré de l'Échelle sainte*, trad. Placide Deseille, Bellefontaine 1978, 274-275.

2 조언을 구하는 제자에게 사막교부들이 들려준 금언들.

3 아빠(*abba*)는 '아버지'를 뜻하는 아람어다. 수도승에게 이는 '성령의 전달자', 즉 기도와 삶의 모범을 통해 다른 사람들에게 성령을 전달할 수 있는 사람을 뜻한다.

4 수도승생활 전문 용어인 그리스어 아케디아(*akedia*)는 수도승이 쉽게 빠질 수 있는 '영적 무기력' 혹은 '영적 태만'을 뜻한다 — 옮긴이.

5 고난이나 시련 중에 제공되는 지원과 원조.

6 이집트 그리스도인.

7 Trad. Emmanuel Lanne, "La prière de Jésus dans la tradition égyptienne", *Irénikon*, t. L, n° 2, 1977, 178.

8 『케팔라이아 그노스티카』는 『프락티코스』, 『그노스티코스』와 더불

어 에바그리우스 삼부작 중 하나다(『프락티코스』 분도출판사 2011, 22 참조) — 옮긴이.

9 그리스어로 *noûs*. 정신은 지성의 가장 영적인 부분, 영혼의 종착점이다. 이성적 지성과 혼동되지 않는다.

10 Lettre à Mélanie, dans le *Traité d'oraison d'Évagre le Pontique*, trad. et commentaire par Irénée Hausherr SJ, Toulouse 1934, 89.

11 Irénée Hausherr SJ, *Direction spirituelle en Orient autrefois*, Roma 1955, 310-311.

12 한 수도원을 이끌도록 축복된 영적 사부.

13 '공동생활'을 뜻하는 그리스어 코이노비온(*koinóbion*)은 '공동'을 뜻하는 코이노스(*koinós*)와 '생활'을 뜻하는 비오스(*bíos*)에서 유래한다 — 옮긴이.

14 '고유한', '특별한'을 뜻하는 그리스어 이디오스(*ídios*)에서 유래한 이 제도는 각 수도승에게 어떤 자율권을 맡기는 제도다.

15 황량한 장소에 흩어져 있으면서도 하나의 성당 주위로 무리를 이룬 작은 부락들. 각 스키트는 같은 모(母)수도원에 예속되었다.

16 영적 사부 한 사람이 지도하는 암자들. 각 암자에는 경당과 기도소, 제단, 채소밭이 딸려 있었다.

17 Hagiorite는 '거룩한 산'을 뜻하는 그리스어 하기온 오로스(*Hágion Óros*)에서 유래한 말로 성산(聖山), 즉 아토스 산을 가리킨다. 따라서 이 용어가 인물과 함께 사용될 경우 '아토스 산' 출신으로 알아들을 수 있다 — 옮긴이.

18 허성석 「시나이의 그레고리우스 작품 안에 나타난 헤시카즘의 방법」[신학전망 135(2001 겨울) 115-134 참조] — 옮긴이.

19 하느님이 이런 분이라고 말하기보다는 차라리 이런 분이 아니라고 말하는 신학이다.

20 신플라톤주의는 플라톤에게서 영감을 받아 3~4세기에 형성된 가르침이다. 이 학파는 고대 이교 문명에서 하나의 영적 체계를 이끌어 내고자 노력했다.

21 정신을 배꼽에 두는 사람들 — 옮긴이.

22 '기도하는 사람들'이라는 뜻의 시리아어 메살리안(*messaliens*) 혹은 그리스어 에우키트(*euchites*)는 431년 에페소 공의회에서 단죄된 영적 이단이다. 그들은 세례자의 영혼 안에 사탄과 성령이 동거한다고 가르쳤다. 세례는 악마를 몰아내기에는 무효하며, 오직 기도만이 놀라운 능력으로 악마를 몰아낼 수 있다고 보았다.

23 마법의 영향에서 보호해 준다고 여겨진 사물, 존재 혹은 상징들을 일컫는다.

24 그리스어에서 유래한 neptique라는 형용사는 '절제 있는', '깨어 있는'이라는 뜻이다. 절제란 수도승의 특별한 자질 중 하나를 나타낸다. 수도승들은 이 말을 금욕 수행과 관련하여 특별하게 사용했다.

25 성령을 전달하는 사람, 곧 성령의 전달자, 영감을 받은 수도승을 뜻한다.

26 성경에 나오는 이름들에 대한 신학적 연구 — 옮긴이.

27 종교적 수행 없이 하느님과의 통교를 통해 내적 평화를 체험할 수 있다는 교설.

28 중세 서방 대학에서 강의했던 신학과 철학. 여기에 관련된 가르침과 방법론들.

29 Jean Bar Kaldoun, *Vie de Rabban Youssef Bousnaya*, trad. J.B. Chabot, dans Placide Deseille, *L'Évangile au désert*, Paris 1985, 293.

30 주 4 참조.

31 Évêque Ignace Briantchaninov, "Approches de la prière de Jé-
sus", *Spiritualité orientale*, n° 35, Bellefontaine 1983, 213.

32 인간 본성에 관해 밝혀진 진리들에 대한 논술.

33 Marie-Madeleine Davy, *Le Thème de la lumière dans le judaïsme,
le christianisme et l'islam*, Paris 1976, 275.

34 그리스어로 '캅소칼리비트'는 움막 방화자를 뜻한다. 막시무스는
어떤 곳에도 묶이지 않기 위해 자기가 살던 움막에 자주 불을 질
렀다.

35 Vladimir Lossky, *Théologie mystique de l'Église d'Orient*, Paris
1980, 212-213.

36 "Starets Silouane", dans Archimandrite Sophrony, *Starets Si-
louane. Vie-Doctrine-Écrits*, Sisteron 1973, 387.

37 "Par un pauvre villageois (Jean Aumont) sans autre science ni étu-
de que celle de Jésus crucifié", *L'Ouverture intérieure du royaume
de l'Agneau occis dans nos cœurs*, Paris 1660, 406-407.

38 Jean During, *Musique et extase. L'audition mystique dans la
tradition soufie*, Paris 1988, 159.

참고문헌

Actes du Colloque des universités de Liège et de Louvain-la-Neuve, "L'Expérience de la prière dans les grandes religions", Louvain-la-Neuve 1980.

Archimandrite SOPHRONY, *Starets Silouane, moine du mont Athos, doctrine, écrits*, Sisteron, Présence 1977.

BEHR-SIGEL E., *Le Lieu du cœur*, Paris, Cerf 1989.

BOLSHAKOFF S., *Rencontres avec la prière du cœur*, Genève, Claude Martingay 1981.

BOUYER L., *Introducion à la vie spirituelle*, Paris, Aubier 1960.

—. *La spiritualité du Nouveau Testament et des Pères*, t. I de l'*Histoire de la spiritualité Chrétienne*, Paris, Aubier 1960.

BRIANTCHANINOV I., "Approche de la prière de Jésus", *Spiritualité orientale*, n° 35, Abbaye de Bellefontaine 1983.

Calliste et IGNACE XANTHOPOULOI, *Centurie spirituelle, Philocalie des Pères neptiques*, t. I, Abbaye de Bellefontaine 1979.

CLÉMENT O., *Sources. Les Mystiques chrétiens des origines*, Paris, Stock 1982.

—. *Byzance et le Christianisme*, Paris, PUF 1964.

Colloque de Sénanque, "Prière", "Questins de" n° 69, Paris, Albin Michel 1987.

DAVY M.-M., ABÉCASSIS A., MOKRI M., RENNETEAU J.-P., *Le Thème de la lumière*, Paris, Berg International 1976.

DESEILLE P., *L'Évangile au désert*, Paris, O.E.I.L. 1985.

Études carmélitaines, Le Cœur, Paris, Desclée de Brouwer 1950.

EVDOKIMOV P., *La Connaissance de Dieu selon la tradition orientale*, Paris, Desclée de Brouwer 1988.

GŒTTMANN A. et R., *L'Au-delà au fond de nous-mêmes, Initiation à la méditation*, Meisenthal, Béthanie 1982.

—. *Prière de Jésus, Prière du cœur*, Meisenthal, Béthanie 1989.

GOUILLARD J., *Petite Philocalie de la Prière du cœur*, Paris, Seuil 1979.

GUENON R., *Aperçus sur l'ésotérisme chrétien*, Paris, Gallimard 1983.

GUILLAUMON A., "Aux origines du monachisme chrétien", *Spiritualité orientale*, n° 30, Abbaye de Bellefontaine 1979.

GUY J.-C., *Paroles des anciens, apophtegmes des Pères du désert*, Paris, Seuil 1976.

H. DE B. (CUTTAT J.-A.), *La Prière du cœur*, Éd. Arma Artis (sans date) / Ed. Orthodoxes 1950.

HABRA G., *La Transfiguration selon les Pères grecs*, Fontainebleau, chez l'auteur 1986.

HAUSHERR I., "Solitude et vie contemplative d'après l'hésychasme", *Spiritualité orientale*, n° 3, Abbaye de Bellefontaine 1980.

Higoumène CHARITON, "L'art de la prière", *Spiritualité orientale*, n° 18, Abbaye de Bellefontaine 1976.

Jean CLIMAQUE, *L'Échelle sainte*, traduit par Placide Deseille, *Spiritualité orientale*, n° 24 Abbaye de Bellefontaine 1978.

LELOUP J.-Y., *Paroles du mont Athos*, Paris, Cerf 1980.

LOSSKY V., *Théologie mystique de l'Église d'Orient*, Paris, Aubier 1980.

MERTON T., *La sagesse du désert, aphorismes des Pères du désert*, Paris, Albin Michel 1987.

MEYENDORFF J., *Saint Grégoire Palamas et la mystique orthodoxe*, Paris, Seuil, coll. "Maîtres spirituels", n° 20, 1976.

—. *Récits d'un pèlerin russe*, trad. Jean Lalay, Paris, Seuil 1978.

—. *Le Pèlerin russe*, trois récits inédits, Paris, Seuil 1979.

REGNAULT L., *La Vie quotidienne des Pères du désert en Égypte au IVe siècle*, Paris, Hachette 1990.

Un moine de l'Église d'Orient, la prière de Jésus, Paris, Seuil 1974.

SAUVY A., *Le Miroir du cœur*, Paris, Cerf 1989.

SCHOLEM G., *Le Nom et les symboles de Dieu dans la mystique juive*, Paris, Cerf 1983.

—. *Les Grands Courants de la mystique juive*, Paris, Payot 1988.

SCHUON F., *L'Œil du cœur*, Paris, Dervy 1974.

VITRAY-MEYEROVITCH E. de, *Anthologie du soufisme*, Paris, Sindbad 1978.

VLACHOS H., *Entretiens avec un ermite de la Sainte Montagne sur la prière du cœur*, Paris, Seuil 1988.

옮기고 나서

오늘날 많은 이가 영적인 것에 눈을 돌려 그것을 갈구하고 있다. 그들 나름대로 물질문명의 한계를 깊이 체험한 까닭이다. 과학기술의 발전으로 인한 물질문명의 진보가 인간의 삶을 풍요롭게 해 준 것은 분명하지만 상대적으로 정신문명의 퇴보를 초래했다. 물질적 가치는 결코 인간의 깊은 내적 갈망을 충족시켜 주지 못한다. 영혼과 육체로 통합된 인간은 물질적 가치 외에 영적 · 정신적 가치를 필요로 한다. 우리 시대의 현상은 이런 인간 실상을 잘 반영하고 있는 듯하다.

영적인 것에 대한 갈망과 추구는 그리스도교 안팎에서 다양한 형태의 명상 운동과 기도 운동을 낳았다. 그리스도인들 안에서도 타 종교의 영적 유산과 보화에 대한 관심이 날로 증대해 왔다. 그러다 보니 그리스도교 안의 영성 운동이나 기도 운동이 항상 그리스도교적이었다고는 말할 수 없다. 이런 현상은 한국 교회 안에서도 종종 드러난다. 물론 타 종교에 대해 배타적일 필요는 없다. 개방된 자세로 인류 공통 유산을 받아들이는 여유는 중요하다. 그러나 여기에는 항상 식별의 지혜가 요구되는바, 그렇지 않으면 자칫 신앙의 정체성을 잃게 될 위험이 있기 때문이다. 국적 없는 미아로 전락해 버릴 수 있다. 따라서 우리 신앙 전통 안에 있는 영적 보화와 유산에 먼저 관심을 돌리고 거기에 초점을 맞추는 것이 가장 중요한 일이다.

그리스도교에는 우리가 미처 알지 못했던 값진 보화가 무한히 감추어져 있다. 이제 우리에게 남은 일은 이 비옥한 밭에 묻혀 있는 보화들을 캐내는 것이리라! 그 보화 중 하나가 바로 오랜 전통을 자랑하는 마음의 기도, 즉 예수기도라 하겠다. 그 기원을 그리스도교 초기로 거슬러 올라가는 예수기도는 특히 사막교부들 안에서 끊임없는 기도의 한 방법으로 수행되었고 비잔틴 영성의 핵심에 자리 잡았다. 그리고 역사의 그늘에 가려졌다가 14세기 말 러시아에서 다시 부흥을 맞이했다.

이 책은 바로 그 예수기도에 대한 종합적 정보를 제공해 준다. 분량은 그리 많지 않지만 그 역사적 과정과 핵심 내용을 함축적이고 체계적으로 소개하고 있다. 서문에서 저자가 표현한 대로 이 기도는 하느님과의 만남과 일치를 위한 길 가운데 하나로, 세월에 묻혀 사라지지 않은 채 생명력을 유지해 왔다. 따라서 오랜 전통을 자랑하는 안전하고 확실한 길이라 할 수 있다. 예수기도야말로 끊임없는 기도를 통해 하느님과의 일치로 나아가는 가장 단순하고 평범한 기도다.

　이 작은 책이 영적인 것에 목말라하는 이들의 갈증을 해소하는 신선한 샘물이 되기를 소망해 본다.

2013년 3월 화순수도원에서
허성석 로무알도 신부